DESCOMPLICANDO A VIDA

Histórias de Esperança e Coragem,
Inspiração e Sabedoria

Michael J. Roads

DESCOMPLICANDO A VIDA

Histórias de Esperança e Coragem, Inspiração e Sabedoria

Tradução
MARIA DE LOURDES EICHENBERGER

EDITORA PENSAMENTO
São Paulo

Título do original:
Simple is Powerful
Anecdotes for a Complex World

Edição	Ano
1-2-3-4-5-6-7-8-9	95-96-97-98-99

Impresso em nossas oficinas gráficas.

À minha bem-amada Treenie,
uma dama plena de poder
e de simplicidade.

Aos Nossos Leitores

Os livros que publicamos constituem a nossa contribuição para um mundo emergente, um mundo que tem por base a cooperação e não a competição, a afirmação do espírito humano e não a dúvida a respeito de si mesmo, que terá por base a certeza de que toda a humanidade está interconectada. Nossa meta é tocar tantas vidas quantas for possível com uma mensagem de esperança por um mundo melhor.

Hal e Linda Kramer, Editores

As personalidades mencionadas neste livro são pessoas reais. A maioria delas ainda vive, e algumas já se foram. Mudei os nomes somente quando julguei que isso fosse necessário.

M.J.R.

Sumário

Agradecimentos

Como sempre, meus agradecimentos, antes de mais nada, são endereçados a Treenie. Este livro foi idéia sua, e ela persuadiu-me a escrevê-lo. "Queremos um livro que dê poder a todos", disse ela, "e esse livro deve ser simples." Felizmente, ela conseguiu o que queria!

Linda Kramer é dotada de percepção igualmente penetrante para reconhecer um livro simples e poderoso. Meus sinceros agradecimentos, irmã!

A Hal Kramer, meu editor e amigo, meus agradecimentos a você e a Linda por darem forma e clareza às minhas palavras.

A Doris Ober, minha editora, meus sinceros agradecimentos. Recebendo o meu tema literalmente, lançou mão de suas consideráveis perícias para, com um hábil e simples toque, tornar minhas palavras ainda mais vigorosas.

Às pessoas que são mencionadas neste livro — parentes, amigos e pessoas que tocaram minha vida, todos eles parte de uma só família humana — meus agradecimentos mais profundos.

Introdução

Este é um livro cheio de risos, de sorrisos e de um profundo hmmm prenhe de pensamentos. No meu entender, trata-se de um livro que, embora simples, não é simplista. Espero que ele revele que a simplicidade é poderosa e que há, dentro de cada um de nós, um conhecimento interior simples, porém profundo. É esse o nosso lugar de poder — um lugar maravilhoso a partir do qual se pode viver, replanejar nossas vidas e expressar nossa sabedoria.

À medida que for lendo estas páginas, você poderá reconhecer a si mesmo, pois cada um de nós enfrenta os mesmos desafios; cada um de nós ri das mesmas coisas ridículas que faz ou que diz; cada um de nós se lamenta das mesmas dores e sente os mesmos medos.

Para a maioria de nós, a vida é agitada, perpetuamente agitada. O *rush* diário, para nós que temos de enfrentar ônibus e metrôs, é uma prova de nervos, e o ritmo, bem como os problemas, que temos de suportar no trabalho, exercem sobre nós uma pressão diária; as complicações da vida familiar consomem qualquer tempo livre que consigamos conquistar. Tornamo-nos muito complexos, e, ao mesmo tempo, ficamos emaranhados.

Essa complexidade usurpa a nossa capacidade para expressar e para ser quem realmente somos, e não a sombra de um eu estressado e desvalorizado. Ficamos tão ocupados, tão pressionados, tão intensamente emaranhados na pressa global que agita a vida que nos esquecemos de que o simples é poderoso.

Este livro é um lembrete.

Oh, e minhas referências a Oz significam, naturalmente, a Austrália.

1

O balanço das coisas

Você já notou que a vida está sempre nos enviando mensagens simples? Tão simples, na verdade, que raramente as notamos. Esquecemo-nos de que o simples é poderoso.

Há dois anos, completei cinqüenta anos *e* me tornei avô. Fiquei extasiado! Tinha ainda de aprender o quanto uma criança pequenina poderia me ensinar. Eu supunha que, na condição de avô, eu seria o preceptor dela, e eu queria isso, mas tive de aprender que esse processo é uma rua de duas mãos.

Numa certa tarde em que ventava muito, quando minha esposa Treenie e eu estávamos visitando Adrian e Jo, nosso filho e nossa nora, os orgulhosos pais de Abbey, que agora está com dois anos, decidi levar a garotinha para um passeio até as lojas. Embora ela não goste de andar, preferindo que a carreguem no colo, Jo insistiu que caminhar seria melhor para Abbey. Prometi a ela que ficaríamos durante algum tempo no parque local, onde ela poderia brincar no balanço. Ela adora balançar.

Não demorou muito para persuadir Abbey a fazer o passeio a pé, e eu sabia que, no fundo, isso tinha por objetivo a minha própria gratificação, e assim fomos seguindo o nosso caminho. Ora, as pessoas podem perder tempo vadiando, mas uma criança de dois anos é capaz de transformar a ociosidade numa arte refinada. À medida que íamos caminhando lentamente ao longo das ruas estreitas que se estendem por trás das casas, velhas casas com terraços, de fachadas que passaram por reformas recentes, e que se erguem nessa área residencial que está na moda, percebi que, pouco a pouco, estava ficando impaciente. Jo me advertira de que Abbey era vagarosa, mas pensei que estivesse exagerando. Eu imaginara Abbey correndo ao meu lado, ansiosa e contente porque estávamos indo para o parque. Mas não foi bem assim que as coisas se passaram. Abbey parava junto a cada flor que houvesse despontado naquele jardim do centro da cidade, olhava fixamente para ela sob meia dúzia de ângulos diferentes, tentava apanhá-la, tocava em cada uma das pétalas, tudo isso enquanto a minha paciência, em fogo brando, começava a entrar em ebulição. E havia centenas de flores!

Cada fenda no calçamento tinha de ser ou cuidadosamente cruzada ou percorrida, qualquer que fosse a direção para onde ela apontava. Você já prestou atenção nas grades das casas numa parte mais antiga da cidade? Não? Bem, passe em frente delas com alguém de dois anos de idade. Uma determinada grade de ferro tinha uma pequena gárgula disforme moldada em cada um dos seus pilares de apoio. Depois de dar uma pancadinha em cada um dos varões da grade com uma vareta, enquanto íamos nos arrastando em frente dela, Abbey alcançou a primeira gárgula.

A caminhada parou aí. Pensei que estivesse em contato com o menino de doze anos que havia dentro de mim, mas há todo um mundo entre doze anos e dois anos. A conversa de Abbey com cada uma das gárgulas não poderia, jamais, ser registrada, pois foi mantida numa linguagem que exclui rigorosamente todos os outros grupos etários, mas ela estava fascinada. Levei quase vinte minutos para fazê-la passar por seis gárgulas! Na verdade, as gárgulas encaminharam as coisas para um clímax. Eu não era capaz de descobrir se se tratava de uma tática deliberadamente planejada por Abbey para me forçar a carregá-la e, portanto, para vencer essa batalha de vontades, ou se ela estava realmente fascinada pelas gárgulas.

Foi a essa altura que tentei uma chantagem, o costumeiro estratagema do adulto para tirar o corpo fora. Com a promessa de um chocolate Freddo Frog agitando-se diante dela como uma cenoura, apertei o passo de uma velocidade máxima igual a zero para nada mais que um andar de tartaruga!

Finalmente, alcançamos as lojas, o suborno foi pago, e eu observei fascinado como essa garotinha de dois anos conseguira esparramar uma pequena rã de chocolate por sobre todo o rosto, sobre todo o seu casaco de malha e ainda deixar algumas sobras para as minhas mãos. Eu tinha me esquecido de que as crianças eram capazes de fazer isso.

Depois de me certificar de que estávamos seguindo um caminho sem gárgulas silenciosas, fizemos nossa caminhada, vagarosamente, em direção ao parque, onde os balanços nos aguardavam. Repito: Abbey adora balanços. Nada de escorregadores, nem de carrosséis, nem de brincar sobre a grama — mas balanços! Empurrei-a para a frente e para trás em seu balanço favorito, talvez por uns dez minutos, antes de sugerir que fôssemos dar uma volta no carrossel. Nada disso! Ela queria era balançar.

"Você já balançou", disse eu. "Que tal uma descida pelo escorregador?"

"Mais balanço." Diretamente e sem rodeios, sem nenhuma chance de negociação. Portanto, assim se fez: mais balanço.

Enquanto Abbey balançava e eu, negligentemente, a empurrava, olhei ao redor, para os outros adultos. Com uma única exceção, todos eles pareciam entediados e de mau humor. Eu sabia o porquê. Cada um deles acompanhava uma criancinha, e enquanto esta balançava ou dava uma volta no carrossel ou brincava no escorregador, o pai ou a mãe aparentavam estar entediados. Um homem trajando roupas de executivo parecia particularmente mal-humorado. Estava sentado num banco do parque, simplesmente ignorando um menino de três ou quatro anos que brincava nas proximidades. O garoto correu até o lugar onde Abbey estava balançando, depois correu ao redor dos balanços, rindo alto, exuberante.

"O que você está fazendo?", perguntei a ele.

"Brincando", ele respondeu.

Dei uma olhada para o pai dele. "Aquele lá é o seu pai?"

"É."

"Onde está a sua mãe?"

"Em casa."

"E o seu pai 'está brincando' com você?"

"Está."

Olhei de novo para o pai imóvel, o rosto perdido nas profundezas de pensamentos que o absorviam totalmente.

"Mas você está se divertindo mesmo?"

"Oh, sim", e se afastou, correndo ao redor de Abbey, que balançava. A seguir, deixando-nos, disparou em direção ao pai, tentando inutilmente chamar a sua atenção.

Olhei de novo para as outras pessoas nesse parque pequeno e batido pelo vento: um casal mais velho, que a vida parecia ter derrotado, e outros pais, cada um deles com uma criança. Uma mulher jovem ria e brincava com sua garotinha, mas, quanto ao restante — apenas tédio.

Onde eu me encaixava? A pergunta, de súbito, me atingiu em cheio. Fiquei ciente de minha própria expressão. Eu estava sério; certamente, não estava rindo.

Todavia, o garotinho estava se divertindo, a despeito da seriedade do pai. Olhei para os outros garotos, e todos eles estavam totalmente absorvidos em seus jogos, ou estavam rindo. Olhei para Abbey: seus cabelos ruivos dançavam ao vento, as maçãs do seu rosto brilhavam, seus olhos azuis eram inocentes e penetrantes; ela riu para mim. Não havia nenhuma razão para isso, mas ela estava se divertindo.

Minha atitude mudou interiormente. A resposta era óbvia. Os garotos estavam vivendo aquele momento e o estavam amando, mas nós, adultos, estávamos em algum outro lugar dentro de nossas próprias mentes. Nossos corpos estavam no parque, mas nós estávamos em algum outro lugar. Não estávamos nos divertindo! O divertimento é uma arte. Divertir-se é fazer o melhor com aquilo que nos é disponível. Diversão não significa entretenimento sofisticado; divertir-se é sentir-se vivo no momento. A diversão é simples, e é poderosa.

A partir daquele momento, eu estava *com* Abbey, balançando no seu balanço, jogando os seus jogos, e adorando-os. Empurrei-a no balanço até a posição mais alta que o banquinho podia subir sem completar um arco, e ela soltava gargalhadas de alegria. Seus olhos se detiveram nos meus e rimos juntos. Fizemos o longo caminho para casa, e eu conversava com as flores, contava suas pétalas e apanhava algumas delas. Aprendi a linguagem das gárgulas, sussurrando minhas próprias palavras mágicas de poder, e segui as rachaduras no calçamento, não importando para onde elas nos levassem.

Quando estávamos perto de casa, peguei Abbey no colo e aconcheguei-a junto a mim. Com seus cabelos ruivos fazendo cócegas no meu nariz, ela sussurrou suas palavras místicas nos meus ouvidos. Eu não queria que isso terminasse, não ainda, e por isso dei meia-volta, caminhando novamente ao redor do quarteirão com ela nos braços.

Foi tão simples. Todos saímos ganhando. Fiz meu passeio, e Abbey foi carregada no colo, exatamente o que ela queria. E ninguém sabia o quanto eu desejara carregá-la e acariciá-la. Também aprendi a minha lição. Aprendi que o divertimento acontece exatamente *agora*, o que me foi ensinado por um preceptor com todas as qualificações legítimas!

2

Uma história inofensiva

Você já pensou a respeito da inofensividade? Eu não, até que a vida me deu um exemplo. Foi uma experiência ao mesmo tempo amarga e doce, pois aprendi que algumas coisas não podem ser forçadas, nem coagidas, nem manipuladas.

Tudo surgiu de maneira muito simples. Eu fizera planos, junto com alguns amigos, para um passeio de um dia através de certa floresta cerrada que se erguia sobre a escarpa íngreme que circundava o nosso vale. Isso envolvia um percurso de carro até a extremidade mais recuada do vale, seguido por uma escalada através das maravilhas da floresta chuvosa. Havia apenas uma dificuldade. Uma família vivia em reclusão nessa extremidade do vale, e, para caminhar até onde queríamos ir, teríamos de atravessar essa propriedade.

Corria o boato de que eles eram um bando de gente muito selvagem. Os rumores diziam que lá duas irmãs viviam amigavelmente com o mesmo homem, cada uma delas criando uma prole de filhos. Alguns daqueles garotos estavam agora em seus últimos anos de adolescência, e, segundo os boatos, qualquer pessoa que fosse apanhada violando o seu território passaria por maus bocados.

Por isso, e apenas para nos mantermos do lado seguro, dirigimos até a extremidade distante do vale, estacionamos nosso carro e fomos diretamente para a remota casa de fazenda. Deu na mesma. Não havia maneira de evitar o bando de cães que foi ao nosso encontro, latindo e rosnando como se estivéssemos destinados a nos transformar em comida para cachorro. Talvez tudo não passasse de ameaça, pois não fomos mordidos durante o trajeto, e quando a família, alertada, nos encontrou, fomos cordialmente convidados a entrar.

As duas senhoras nos ofereceram chá, pois queriam com certeza bater um papo. Quase todas as crianças, grandes e pequenas, nos deixaram sozinhos, mas notei que um rapaz, provavelmente em seus últimos anos de adolescência, esgueirou-se furtivamente até um canto distante do cômodo. Parecia tão rústico quanto os outros, mas alguma coisa nele atraiu a minha atenção. Todas as vezes que o meu olhar encontrava o dele, ele o desviava, quase se encolhendo de medo, e eu compreendi logo que ele sofria de um ligeiro retardamento mental.

Na verdade, nem eu nem ele acompanhávamos a conversa. Ele queria se livrar do meu escrutínio e eu queria saber o que havia nele que me atraía tanto a atenção. Deslizando como um caranguejo, ele passou por mim, desviando cuidadosamente os olhos, antes de sair rapidamente da sala. Curioso, eu o segui, de modo que ele não me percebesse.

Logo que se viu do lado de fora da casa, e distante das pessoas, toda a sua postura mudou. O medo que lhe encolhia o corpo desapareceu, e seus ombros se endireitaram. E então aconteceu.

Um pássaro desceu voando de um arbusto próximo e pousou no seu braço. O menino mal prestou atenção a ele, embora se tratasse de um papa-moscas australiano, e não de uma pega ou de qualquer outro pássaro facilmente domesticável. Enquanto eu o observava, mais dois papa-moscas revoaram ao redor dele, e, a seguir, foi a vez de um vaidoso carriça azul, de cores brilhantes e variadas.

Com espanto e reverência, fiquei olhando para aquela cena. Parecia alguma coisa saída de um desenho animado de Disney. Três bezerros, afastando-se de suas mães, que pastavam num campo vizinho, aproximaram-se dele, desenvoltos e brincalhões, e a todos eles se juntaram mais dois cordeiros. Como um toque final de magia, oito cães ficaram quase que dependurados nos calcanhares do jovem, quietos e passivos, e fixando os olhos nele em visível adoração. Ainda mais espantoso foi o fato de que todos os animais e pássaros se mostravam completamente tolerantes uns com os outros. Eu sabia, sem qualquer sombra de dúvida, que aquele adolescente era o centro da harmonia.

Ele conversava com os pássaros e com os outros animais, e suas palavras soavam aos meus ouvidos como uma ladainha de tolices, mas, obviamente, para eles era uma carícia. Então, de súbito, ele levantou os olhos, e nossos olhares se encontraram. Duas coisas aconteceram simultaneamente. Embaraçado, ele se afastou às pressas, em um só bloco com os pássaros voando ao redor de sua cabeça e com o multicolorido aglomerado de animais — e num lampejo eu compreendi: aquele jovem fora abençoado com a inofensividade!

Quero dizer, com a verdadeira inofensividade.

Grande coisa, você pode estar pensando, mas pense novamente. Você conhece alguém tão inofensivo que nem mesmo qualquer *pensamento* de despeito ou de ofensa jamais chega a entrar na sua mente?

Não me pergunte como eu soube disso. Esse tipo de revelação não é algo intelectual; é intuitivo. Eu simplesmente sabia. Pode ter ajudado nisso o fato de eu ter, durante anos, tentado expressar a minha própria inofensividade com relação a pássaros e a animais selvagens, mas sempre fui mal-sucedido. No passado, atirei em muitos animais, e em muitos pássaros. Mostro isso em minha consciência, como um emblema, e todos os animais e pássaros que se costuma chamar de estúpidos podem perceber isso facilmente.

Nunca me esqueci desse jovem. A sociedade o rotularia como mentalmente incapacitado. No entanto, não posso deixar de pensar que incapacitada é a própria sociedade; nós, seres humanos, não somos capazes de ler nossas próprias mensagens silenciosas. Podemos, facilmente, enganar uns aos outros, mas à Natureza, de maneira alguma!

Provavelmente, nenhum animal ilustra melhor esse fato do que os nossos animais de estimação. Minha esposa Treenie e eu temos dois amigos íntimos, Mike e Rosemary, que eram donos de um vira-lata preto de pêlo duro chamado Nicky. Nicky era aquele nosso cão comum, indolente, ultra-inofensivo e superamigável que oferecia um único perigo: lambê-lo até a morte. Era um desses cachorros que sacodem o rabo sem cessar, tal era a sua amizade.

A história que passarei a contar foi reconstituída por Mike e Rosemary, a partir de evidências óbvias e de rumores posteriormente relatados pelos vizinhos.

A televisão estivera ligada por várias horas quando Mike, como era de costume, chamou Nicky por volta das dez da noite, anunciando que era hora de dormir. Fazia parte da rotina de Nicky rondar pelo jardim e por locais próximos, no fim do dia. Cerca de meia hora depois, Mike verificou que Nicky ainda não tinha ido para a cama. Chamou novamente. Outros quinze minutos se passaram, mas nada de o cachorro aparecer.

Mike e Rosemary, preocupados, continuaram a procurar por Nicky e ficaram estarrecidos ao encontrá-lo estendido numa poça de sangue, mal podendo respirar, com um olho pendurado em sua órbita por um fio de tecido. Levaram-no correndo até o hospital veterinário local, para um tratamento de emergência.

O que as evidências indicavam, depois de juntadas as suas peças, era o seguinte; por volta das nove e meia, um ladrão tentou entrar por uma das janelas na parte mais afastada da casa. Tendo como cobertura o barulho da televisão, ele (presumivelmente um homem!) usara uma pesada barra de ferro para tentar abrir a janela. Inacreditavelmente, Nicky o atacara. Os vizinhos ouviram um tumulto e então o homem deve ter atingido Nicky na cabeça, aturdindo-o e deixando-o sangrando no chão.

O homem, pelo que parece, continuou suas tentativas para entrar, voltando sua atenção para uma outra janela. Enquanto isso, Nicky recobrara os sentidos, e, mais uma vez, seguindo o instinto de defender seus donos contra o intruso, atacou-o novamente. O homem voltou a vergastá-lo, desta vez desferindo-lhe um terrível golpe que lhe atingiu o crânio e o olho, antes de fugir, abandonando Nicky inconsciente e quase morrendo.

Mas há uma boa notícia. Nicky sobreviveu. Perdeu o olho, mas nunca a sua natureza amistosa e sensível. O ponto essencial da história é este. Nicky sabia que a *intenção* do ladrão era a de prejudicar. Ele leu isso na energia do homem. Não foi a ação de tentar entrar pela janela que levou o cão, mas a *intenção* que se escondia por trás disso. Se fosse eu que tentasse entrar pela mesma janela, Nicky bem poderia ter me ajudado. Ele teria sabido que minha intenção seria benéfica para a família e não prejudicial.

Raras vezes somos intuitivos o bastante para conhecer a intenção daqueles que nos rodeiam, ou daqueles com quem tratamos de negócios. Se, pelo menos, pudéssemos ler essas mensagens interiores e silenciosas, imagine o desgosto e o sofrimento que poderíamos evitar, os terríveis mal-entendidos. Todavia, um simples cão mestiço as lê com facilidade.

Há um epílogo muito bonito para essa história. Cerca de nove anos depois, quando Nicky estava mais ou menos com dezesseis anos, e aparentando essa idade, Mike e Rosemary cogitaram se arranjariam um cachorrinho para substituir Nicky quando ele morresse. Ambos imaginaram que poderia ser um *kelpie* de pêlo ruivo, mas nenhum deles mencionara isso para o outro.

Uma noite, quando Justin, o filho mais novo de Mike e Rosemary, foi se deitar, ouviu algum tumulto nos arbustos próximos à janela do seu dormitório. Mike foi verificar, mas nada encontrou. Passaram-se apenas poucos minutos quando Justin chamou novamente o pai, dizendo: "Papai, *há* alguma coisa lá fora. Eu ouvi."

Mike verificou mais uma vez e não encontrou nada.

Uma hora se passou e Justin voltou a chamar: "Ouvi de novo, papai. Há alguma coisa lá fora!"

Resmungando, Mike voltou ao jardim à procura de gatunos, mas, outra vez, foi mal-sucedido.

"Vá dormir, Justin. Se alguma coisa está lá fora, é só um sapo."

Sabendo que sapos eram abundantes nessa área, Justin deu-se por satisfeito e foi dormir.

De manhã, Mike procurou pegadas, ou qualquer evidência de que algum ladrão tivesse rondado a casa. Em vez disso, encontrou um cachorrinho, tremendo e abandonado — um *kelpie* de pêlo ruivo.

É claro que eles o adotaram. Nicky deu boas-vindas ao recém-chegado e treinou-o na arte de defender a casa e de cuidar das pessoas da família. Cerca de dois meses depois, Nicky morreu tranqüilo, com seu dever cumprido.

Naturalmente, Mike e Rosemary deram ao cachorrinho o nome de Sapo!

3

Verrugas e tudo o mais

Você já notou como é freqüente persistirmos em algo que pode sair errado, e como é raro persistirmos em algo que pode ser certo? O negativo parece salientar-se com muito vigor, enquanto que o positivo, modestamente, se esconde. Talvez isso se deva, simplesmente, ao fato de que os aspectos negativos da vida tendam a gritar para nós, enquanto que os positivos apenas nos sussurram.

Há vários anos, estive envolvido num incidente que demonstra esse fato. Em retrospecto, a história é engraçada, mas, na ocasião em que ocorreu, quase nada havia nela de humorístico. Tudo começou numa manhã, enquanto eu estava me barbeando. Eu contorcia o rosto nas costumeiras caretas que o barbear requer, quando notei uma pequena verruga na extremidade do nariz. Naquela época, eu fazia uma boa dose de investimentos na minha importância, na aparência que eu tinha para o resto do mundo. De modo geral, eu não estava insatisfeito com o meu rosto, mas não queria ter uma verruga na ponta do nariz.

Examinei-a cuidadosamente. Não estava lá no dia anterior, quando me barbeei — ou estava? Eu não conseguia descobrir se surgira furtivamente, nos últimos dias, sem ser percebida, ou se surgira de repente na noite anterior. Não que isso fizesse muita diferença.

Quando a vi pela primeira vez, tive ódio. Mais que por qualquer outro motivo, fiquei ofendido com a sua posição geométrica precisa — sem dúvida, nem mesmo se tivessem sido usados calibradores a verruga poderia ter sido centralizada com mais perfeição na ponta do meu nariz.

Acabei de me barbear, olhando fixa e penetrantemente para a verruga como se uma decidida força de vontade pudesse encolhê-la até o nada. Não consegui! Depois de um pouco de contemplação, optei por uma tática do tipo esperar-para-ver. Talvez ela desaparecesse tão facilmente como havia surgido.

Duas semanas mais tarde, tive de admitir que aquela pequenina, embora imensamente ofensiva verruga estava lá para ficar. Esperei mais uma semana, e a seguir mais outra, antes de me decidir por uma ação rápida e drástica.

Fui até a farmácia local e comprei um pequeno bastonete cáustico com um revestimento de nitrato de prata. Eu estava bem ciente da potência desse bastonete. Certa vez, quando tinha uns dez anos de idade, ganhara uma verruga na parte posterior do pescoço. Ela não me aborrecia, em absoluto, exceto quando fui ao barbeiro e sua máquina de cortar cabelo a tosquiou. E isso me aborreceu!

Contei a fato a mamãe e ela comprou um bastonete cáustico de nitrato de prata. Naquela noite, ela, cuidadosamente, o aplicou antes de eu ir para a cama, porém ela se esquecera do fato de que eu sou de Áries. Convencido de que ela não usara uma quantidade suficiente do bastão milagroso, entrei, sorrateira e silenciosamente, no banheiro e, por meio de um espelho de mão posicionado de modo a tornar visível a parte posterior do pescoço, apliquei, desajeitadamente, uma boa camada em toda a área adjacente. Então, voltei para a cama, satisfeito.

Acordei no meio da noite com uma sensação abrasadora atrás do pescoço. Acendi a lâmpada que ficava ao lado da cama. Havia sangue por toda a parte. Ele se espalhara por todo o travesseiro, e sobre minhas mãos e meu rosto. Toda a área onde o bastão cáustico tinha sido aplicado estava em carne viva. Foi uma tremenda confusão, e doía!

Foi assim que aprendi a respeito da potência do nitrato de prata. E por isso, agora, sendo um adulto com uma pequena verruga num nariz muito acessível, pretendia ser supercuidadoso.

Apliquei a ponta do bastão cáustico naquela pútrida verruguinha com um sentimento misto de júbilo e de apreensão.

Dois dias depois, meu barbear matutino revelou que a verruga tinha caído. Fiquei radiante!

Tudo correu bem durante três semanas, quando, numa certa manhã, notei uma verruga no centro exato da ponta do nariz! Ela reaparecera e — horror dos horrores — tinha agora o dobro do seu tamanho original. Olhei fixamente para ela, apavorado.

Mais uma vez tentei o método esperar-para-ver, e mais uma vez foram necessárias duas semanas para a verruga demonstrar que não tinha intenção de ir embora. Com grande cuidado, apliquei novamente o bastão cáustico.

Duas semanas depois, estava livre da verruga.

Então, mais uma vez, surgiu outra manhã fatídica. A verruga estava de volta — e tinha duplicado de tamanho novamente! Olhei firme para ela, horrorizado. E agora? Essa verruga, que fora tão pequena, era agora facilmente visível. Bastava o mais débil esforço, e eu podia vislumbrá-la de soslaio na ponta de nariz, semelhante a uma horrenda mira de canhão! Gemi, cheio de desânimo.

Desta vez, eu estava convencido de que todo o mundo olhava para ela. Eu me via pedindo desculpas às pessoas pela verruga na ponta do nariz, e o fato de elas se divertirem com isso nada fez pela minha vaidade. Suportei essa situação durante cerca de um mês num estado constante de embaraço.

Eu estava diante de um dilema agudo. Teria de carregá-la pelo resto da vida ou deveria fazer mais uma tentativa com o bastonete cáustico? Finalmente, a vaidade venceu. Depois dessa aplicação, fiquei livre da verruga por sete semanas.

Porém, quando ela voltou a aparecer, tinha duplicado de tamanho novamente. Eu não precisava mais vesgar os olhos em direção à ponta do meu nariz para vê-la. Ela acenava para mim.

A essa altura, a vida se me tornara uma miséria total. Não barbeava mais o rosto, barbeava ao redor de uma verruga. Quando conversava com amigos, mantinha a mão sobre o nariz de uma maneira casual, como se estivesse coçando o rosto, mas todas essas táticas falhavam miseravelmente. Quando desviava a mão, sempre havia alguém exclamando: "Oh! veja! Você sabia que tem uma verruga na ponta do nariz?"

Que pergunta estúpida. Comecei a evitar as pessoas. Uma coisa era absolutamente certa: — eu não ousaria mais aplicar o bastonete cáustico. Se a verruga duplicasse novamente de tamanho, seria preciso pôr o meu nariz no seguro! (Por mais tolo que isso possa parecer, eu não havia pensado em procurar um médico durante todo esse tempo. Nessa época, eu tinha tanta prevenção contra médicos que essa idéia não me ocorrera.)

De nada ajudou o fato de que, para Treenie, o problema todo não passava de uma tempestade num copo d'água. "Eu te amo, querido", dizia ela com humor exagerado, "com verrugas e tudo o mais!"

Suportei essa verruga como um miserável caso de ódio por várias semanas mais, até que, num calmo dia ensolarado, desci até o rio local. A água estava parada, como a de uma plácida lagoa e, enquanto lançava o olhar para suas profundezas, via meu reflexo tremular sobre a superfície, como num espelho embaçado. Podia ver o meu rosto, mas não havia detalhes suficientes para tornar visível a verruga. Que abençoado alívio.

Contemplei o ondular do meu reflexo. Como eu odiava aquela verruga! Por que eu a tinha? Por que subitamente apareceu?

É provável que a calma do rio tivesse me afetado, pois, durante algum tempo, permaneci interiormente calmo — e de dentro daquela calma brotaram perguntas escondidas.

Qual era o meu foco quando eu olhava para o espelho? Via o meu rosto como um todo, ou apenas a verruga isolada?

Seria possível que o meu foco na vida estivesse centralizado no negativo? Poucos minutos de um auto-exame dolorosamente honesto revelaram que isso era bem possível.

Seria possível que eu, um buscador da verdade, estivesse manifestando no plano físico uma verdade que eu procurava? Fazia bastante sentido eu considerar a mim mesmo como o positivo e a verruga como o negativo. Minha atenção se tornara tão centrada na verruga que eu tinha me perdido de vista.

O processo agora começara, as perguntas fluíam e a seguir veio o estalo.

De qualquer maneira que fosse, eu via alguma beleza no meu rosto? Não, eu desenvolvera uma visão de túnel, um estreitamento máximo do meu campo de visão. Eu via somente a feiúra de uma verruga.

As palavras de Treenie voltaram à minha mente: "Eu te amo, querido, com verrugas e tudo o mais."

Poderia eu conseguir isso — amar a mim mesmo com verrugas e tudo o mais? Poderia ser simples assim? Seria possível que a vida estivesse me presenteando com uma oportunidade de crescimento pessoal? Poderia isso ser parte de um plano grandioso, sem nenhum outro propósito exceto o de me oferecer uma chance para, de maneira consciente e com conhecimento, "amar a mim mesmo"?

Deixei o rio com grande entusiasmo interior. Eu me sentia como se uma velha sombra estivesse se movendo em direção à luz — e fosse eu essa velha sombra!

Voltando, entrei em casa e fui até o espelho do banheiro. Meu reflexo mostrou que a verruga ainda estava lá, mas... havia um rosto ao redor dela! Compreendi que poderia focalizar o positivo ou o negativo — a escolha era minha.

Sorrindo para o meu próprio reflexo no espelho, tentei dizer à verruga que eu a amava, mas isso era uma mentira tão evidente que não pude fazê-lo. Decidi-me a aceitar a verruga, mas vendo-a — e a mim próprio — de uma perspectiva totalmente nova.

Três semanas depois, acordei sabendo que a verruga tinha desaparecido. Uma olhadela no espelho confirmou isso. E eu sabia o porquê. Aquela verruga simbolizara o grito da minha negatividade. As palavras despreocupadas de Treenie tinham revelado não somente a minha vaidade mas também a minha incapacidade para aceitar e para compreender a mim mesmo de um modo totalmente positivo.

Compreendo agora como eu era feliz. Eu exibia a minha verruga na ponta do nariz de tal forma que não podia deixar de vê-la — mas, para muitas pessoas, as suas "verrugas" são muito menos evidentes. Enquanto nós as escondemos do mundo, nós as escondemos de nós mesmos.

Isso pode ser um auto-engano pouco inteligente, mas também nos priva de nosso poder. Aceite-se como você é agora — com verrugas e tudo o mais.

É inacreditavelmente simples, mas é muito poderoso.

4

Vítima das circunstâncias

Uma das coisas na vida que nunca deixa de me surpreender é o impacto que nós, seres humanos, exercemos uns sobre os outros.

Lembro-me de que, há muitos anos, quando morava numa grande cidade do interior, fiz um passeio que se tornou uma lição de vida.

Um homem de meia-idade, difícil de descrever, exceto pelo seu rosto, caminhou na minha direção. Sua expressão era da mais completa melancolia, de uma total derrota e até mesmo de terror. Talvez o médico tivesse acabado de lhe dizer que ele era portador de uma doença terminal; ou talvez ele tivesse constatado um tremendo rombo na conta bancária e estivesse a caminho do banco para falar com o gerente. Nunca o saberei — mas sei que ele me afetou de modo negativo.

Senti meu humor desfalecer. De súbito, me senti infeliz. Eu podia perceber a energia dele me afetando, mas nada podia fazer a respeito. Era como se eu tivesse caminhado para dentro de uma nuvem escura, e não conseguisse encontrar o Sol.

Passei por ele com passos menos leves, sem ter certeza do que exatamente acontecera. Não caminhei mais que duas quadras quando uma visão à minha frente me fez parar.

Apoiando-se num poste de iluminação com sua mão enorme, uma senhora muito gorda ria às gargalhadas, em curtas e ofegantes explosões de contentamento. Na outra mão segurava uma carta e, à medida que gritava e ria em altos brados, seu corpo robusto revolvendo-se em camadas independentes de gordura, ela precisava agarrar-se ao poste para se manter em pé!

Como num passe de mágica, minha tristeza desapareceu, e eu disfarcei o meu riso, contagiado pela sua hilariedade transbordante e irresistível.

Foi então que eu compreendi o que havia acontecido. Dois incidentes, num intervalo de menos de quinze minutos, tinham-me afetado por complcto, e no entanto eu nada sabia a respeito das duas pessoas envolvidas. Ser subjugado — foi essa a pista. Eu fora, inconscientemente, subjugado por duas pessoas.

Caminhando, eu estivera disperso; meus pensamentos eram uma salada de bobagens. Se eu estivesse atento, focalizado no momento, então minha força estaria comigo, e um não teria sido uma vítima de tudo o que acontecera ao meu redor.

Estar no controle de nossas próprias vidas é uma coisa simples, mas requer atenção. E vivemos de uma maneira desatenta — e nós todos estamos assim algumas vezes —, então somos mais facilmente afetados por outras mentes. Isso não é algo mau ou errado, é apenas cansativo! Isso drena a nossa força.

Recentemente, minha amiga Ruth contou-me uma experiência parecida. Estava sentada em seu carro esperando o marido voltar do banco, quando um homem do tipo rude passou por ela de bicicleta, gritando raivosamente com um cachorrinho que corria ao seu lado. Quando o homem deu um berro, o cão correu ao redor do carro de Ruth, saltou pela janela aberta e deitou-se no chão, aninhando-se aos seus pés. Ela deu-lhe um tapinha e, em seguida, abriu a porta e o conduziu para fora.

Enquanto isso, o homem tinha descido da bicicleta e estava, mais uma vez, gritando indignado com o lamurioso cãozinho. Ganindo, ele correu novamente ao redor do carro e voltou a saltar pela janela para dentro do carro.

Dessa vez, o homem abriu a porta com um empurrão e, praguejando sem parar, arrastou brutalmente o pobre cão para a rua.

Quando desapareceram, o cão com o rabo entre as pernas enquanto seguia a bicicleta, Ruth sentiu o pleno impacto de sua aflição. Só então, tarde demais, ela pensou em todas as coisas que deveria ter dito ao homem e na atitude que poderia ter tomado.

Seu verdadeiro pesar estava no fato de que ela ficou de tal maneira surpreendida enquanto tudo acontecia que não conseguiu fazer nada. Naquela noite, ela não pôde dormir, enquanto sua mente se agitava com violência repetidas vezes. O incidente durara menos de um minuto, mas ela sentiu o seu impacto sobre ela e sobre a sua pressão arterial pelo restante do dia e pelo restante da noite.

Há somente uma cura real para essa aflição, mas, de tão simples que é, raramente é praticada. Nosso poder reside no nosso relacionamento com este momento, o *agora.* Quando resvalamos para o passado, perdemos o nosso poder; tornamo-nos uma vítima de algo que não é mais real. Ruth deixou passar o momento do *agora*, essa continuidade na qual vivemos, e passou a atualizar a continuidade do passado — revivendo seu momento de aflição. Desse modo, ela prolongou seu trauma e seu sofrimento, criando uma provação que, na realidade, tinha terminado muitas horas antes.

Não devemos ser uma vítima das circunstâncias; nós podemos dominá-las.

Lembro-me de que certa vez, há mais de uma década, um amigo me contou algo muito insultante e ofensivo que outro amigo aparentemente dissera a meu respeito. Digo aparentemente porque eu não tinha prova alguma; não obstante, eu me senti insultado.

Numa atitude típica de um ariano, entrei no meu Land Rover e fui diretamente para a casa dele, que ficava mais ou menos a uma milha de distância. Eu queria ter um confronto direto com ele. Estava tão ansioso para chegar até lá que tomei um atalho, passando pela serraria local, onde Frank, o proprietário, acenou-me para parar. Relutantemente, brequei o carro.

Frank recurvou-se na janela, sorrindo para mim. "Para onde, diabos, você vai indo com tanta pressa?" Em seguida, ao ver a expressão do meu rosto, acrescentou: "Qual o problema?"

Eu tinha muito respeito por Frank. Para mim, ele era uma espécie de mentor, e estava por aqui há muito mais tempo que eu. Depois de hesitar um pouco, contei-lhe tudo.

Frank deu uma risada. "Isso é *tudo*? Fred insultou você. Pois bem, e daí? Se eu ficasse perseguindo todas as pessoas que me insultaram, ou que foram hipócritas às minhas costas, passaria o dia inteiro fazendo isso!"

A essa altura, fui me acalmando, e por isso pensei um pouco sobre o fato. O que Frank disse era bem verdade. Sendo o homem mais rico e possuindo o maior negócio na área, ele era alvo de inveja velada e de despeito. Eu mesmo tinha ouvido isso; todavia, ele minimizou a questão. Nunca me esqueci de suas palavras seguintes: "São apenas pulgas nas suas costas, Mike. Não se preocupe com isso. As preocupações são juros pagos sobre aborrecimentos que ainda não devemos, sobre dívidas que ainda não foram contraídas. Esqueça tudo isso. Fique voltado para o presente. Tenho plena certeza de que você tem trabalho suficiente para mantê-lo ocupado sem ficar perseguindo alguém por algo que ele *poderia* ter dito."

Agradeci a Frank, dei meia-volta com o meu Land Rover, rumando para casa. Hoje, eu acrescentaria algumas palavras à sabedoria de Frank: as preocupações são juros pagos sobre aborrecimentos que ainda não devemos. As preocupações são também um imposto muito pesado, um imposto que não temos de pagar.

O conselho de Frank foi simples — e poderoso.

* * *

Muito pior do que a palavra dita com precipitação é o impacto da hostilidade que não se expressa em palavras mas é perseverante. Quando me dedicava à agricultura, na Tasmânia, conheci uma senhora maravilhosa. Não obstante sua idade avançada, tinha uma personalidade nada convencional, cheia de vida e de energia, e, no entanto, governada por regras estritas sobre o certo e o errado. Isso requer um esclarecimento. O certo para ela não tinha necessariamente de ser o certo, nem o seu errado, errado, mas a definição dela de certo e de errado definia as fronteiras da sua vida.

A velha senhora tinha quatro filhos, todos eles com famílias já constituídas. Cada um deles tinha uma personalidade bem própria, mas Wes se parecia muito mais com a mãe do que os outros.

Certo dia, quando a velha senhora e eu estávamos aprofundados em nossa conversa, soube que ela não falava com Wes. Perguntei-lhe por quê. "Porque ele não fala comigo", respondeu com indignação.

Por volta de um mês depois, tive uma conversa com Wes. Ele era um excelente trabalhador, mas um homem de natureza ensimesmada e um tanto rude. Com a máxima cautela, conduzi nossa conversa por rodeios até chegar em sua mãe, fazendo-lhe uma pergunta que só poderia ser respondida se eles, de fato, jamais se falassem.

"Não sei exatamente", respondeu ele. "A velha senhora não fala comigo."

Fiquei intrigado. "E você, fala com ela?", perguntei.

Ele pareceu chocado. "Não, é claro que não. Acabei de dizer que ela não fala comigo."

"Mas por que não?", perguntei.

"Não sei exatamente", disse ele.

"Então, por que você não pergunta a ela?"

"Foi ela quem começou com isso; deixe-a terminar!", respondeu, afastando-se com passos inflexíveis e parecendo muito ofendido.

Descobri uma desculpa para visitar novamente a velha senhora. Todos eles eram pessoas que moravam na zona rural, e o cacarejar estridente de suas galinhas fugindo às pressas do Land Rover anunciou minha chegada.

"Bom-dia, Michael. Que bons ventos o trazem?", perguntou, dando início à conversa, e com isso zarpamos. Ela simplesmente adorava falar! Acabei por lhe perguntar por que ela e Wes não se falavam.

Desconfiada, ela me fuzilou com o olhar. "Eu já lhe disse. Ele não fala comigo; é por isso que eu não falo com ele."

"Mas ele disse o mesmo", retruquei. "Por que você não fala com ele primeiro, depois ele falará com você?"

Ela estava tão zangada que tive a impressão de que explodiria. "Ele começou com isso", bradou. "Portanto, é ele quem deve tomar a iniciativa."

Durante os meses que se seguiram, continuei interferindo. Descobri que nem a mãe nem o filho tinham a menor idéia do porquê ou de como seu silêncio tinha começado. Falávamos a respeito de vítimas das circunstâncias, mas a presente circunstância era de sua própria criação. Tentei até mesmo reconciliá-los, mas isso se comprovou impossível. Cada um tinha decidido que o outro fizera algo "errado", e cada um castigava o outro com o silêncio.

Quando a velha senhora morreu, seis anos depois, já fazia dez anos que mãe e filho permaneciam fechados em muda hostilidade. Cada um negou ao outro dez anos de vida. Isso é chocante! Tudo o que qualquer dos dois teria de fazer era apenas ser o primeiro a falar, o primeiro a perdoar. O primeiro a dizer: "Sinto muito" ou "Eu te amo".

Como é impossivelmente simples tomar essa iniciativa!

5

A capacidade para responder

Durante muitos anos, estive interessado na liberdade pessoal. Entre outras coisas, isso significa subjugar todos os pequenos hábitos idiossincráticos que compõem e governam minha vida. Tornar-se livre não é algo que se atinge facilmente. Tive de trabalhar muito nisso. Os hábitos têm o hábito de persistirem com tenacidade.

Dentre todos os diferentes hábitos que adquirimos, penso que o de reagir deva ser o mais poderoso. Para mim, há um universo de diferenças entre reação e resposta. Quando reagimos não pensamos; estamos envolvidos numa ação reflexa geralmente instintiva, que é, basicamente, uma reencenação do passado. Ela *sempre* vem de nosso passado. Freqüentemente, a reação de uma pessoa põe em movimento uma reação em cadeia entre outras pessoas.

Resposta é o oposto de reação. Para responder, devemos estar conscientemente envolvidos no momento. Em geral, reagimos quando ameaçados, e respondemos quando não há nenhuma pressão sobre nós. A responsabilidade é a capacidade para responder. A resposta pode não ser menos instantânea do que a reação, mas surge do momento, não do passado.

A outra grande diferença entre reação e resposta está no fato de que na reação não temos escolha. A reação é uma capitulação da escolha. Responder é escolher. Estamos no controle e respondemos, ou estamos fora de controle e reagimos. É o nosso amor que responde; é o nosso medo que reage. (A resposta é geralmente positiva, a reação é negativa.) Responder é simples e imensamente poderoso.

Permitam-me compartilhar com vocês dois incidentes de minha própria vida que me ensinaram a respeito do poder da resposta.

Certa vez, Treenie e eu criávamos gado na Tasmânia, um pequeno estado-ilha na costa meridional da Austrália. Permanecemos por uma década nas colinas ao pé de uma montanha dedicando-nos à produção de laticínios e de carne. Logo que mudamos para a fazenda fizemos, rapidamente, amigos entre os nossos vizinhos — com todos eles, exceto com um casal, Sid e Peg, que nunca foram amistosos.

Estávamos na fazenda há somente poucos meses quando um dos filhos desse casal veio à procura de socorro, explicando que sua mãe tinha sido derrubada do cavalo no alto da estrada da montanha. Fomos resgatá-la com nosso Land Rover, levamos Peg para o hospital local, deixamos o rapaz para levar o cavalo para casa, e depois fomos buscar Sid no seu local de trabalho e o levamos para o hospital para fazer companhia a Peg.

Nem mesmo isso os animou a se aproximarem de nós. Seis meses depois, quando várias de nossas vacas descobriram uma fenda na cerca entre a fazenda de Sid e a nossa, e passaram por ela, ele as aprisionou! Reavê-las custou-nos muito dinheiro.

De início, toda a minha atitude foi de reação. Amaldiçoei-o e jurei vingança. Nessa época, eu pesava mais de noventa quilos, e era muito forte, além de ser razoavelmente hábil em lutar judô e boxe. Portanto, dar uma boa surra em Sid estava no topo de minha lista de prioridades. Porém, nunca o fiz. Eu era civilizado demais para chegar a esse ponto. Além disso, Treenie não o permitiria.

No decorrer dos anos seguintes, Sid acusou-me de ter deslocado uma cerca divisória a meu favor e de desviar um riacho de sua propriedade para a minha. Na realidade, ficou comprovado que a cerca favorecia a Sid em dezoito polegadas, e descobri uma barragem, no lado do riacho pertencente a Sid, que obstruía o leito original. Isso foi facilmente corrigido e ainda mais facilmente comprovado.

Esses e outros incidentes fizeram-me compreender que Sid, sem sombra de dúvida, me odiava. Eu não tinha nenhuma pista que me levasse a entender o porquê desse sentimento, mas, sendo forçado a defrontar com um rancor tão evidente, a ponto de ser perseguido por esse rancor, comecei a enxergar além dele. Minha reação declinou, e eu comecei a responder à situação com uma atitude de simpatia tolerante.

Não sou uma pessoa vingativa. Não suporto ressentimentos nem os carrego facilmente comigo, e, por isso, tão logo parei de reagir, atingi uma espécie de paz com relação a Sid e ao seu ódio.

No entanto, certo dia, quando Treenie e eu estávamos no nosso grande e belo jardim na companhia de dois amigos que nos visitavam, notei que Sid, trazendo um rifle nas mãos, vinha na nossa direção. Antes que ele nos alcançasse, pedi a Treenie, em voz baixa, que telefonasse para a polícia. Então me afastei dela, mantendo presa a atenção de Sid. Não que isso fosse necessário. A espingarda estava apontada diretamente para mim, e Sid estava tão concentrado no seu ódio e na sua fúria que duvido que visse qualquer outra pessoa. Nossos dois visitantes estavam pálidos e apavorados. Não era esse o seu entretenimento costumeiro para uma tarde de domingo!

Perguntei a Sid o que significava tudo aquilo, tentando conservar fixa a atenção dele sobre mim e mantê-lo falando. Ele quase cuspia as palavras, acusando-me de roubar seu touro de seis mil dólares. Na verdade, eu me sentia apenas um pouco alarmado, a despeito de ele ter os nós dos dedos agarrados com força à espingarda. Não tive a impressão de que eu poderia perder a minha vida. Sentia-me no completo controle da situação, o que, diante da evidência física, era uma reação estúpida.

Consegui mantê-lo falando até que os policiais chegaram. Sid os recebeu bem, pois devido a distorção que o seu ódio provocava, era eu a parte culpada. Ainda me lembro da expressão de choque que se estampou no seu rosto quando eles o levaram.

Mais tarde, a polícia ficou aborrecida comigo porque me recusei a apresentar uma acusação formal. Percebi que Sid precisava de ajuda médica e não de ação judicial. De fato, Sid acabou num hospital psiquiátrico.

Oh! há mais alguns detalhes. Verificou-se que o touro era um animal emprestado, que valia seiscentos dólares, e que a espingarda estava carregada. Um dos psicólogos que trabalhava no caso de Sid contou-me que, em toda a sua experiência profissional, jamais vira um caso de ódio tão psicótico como o que Sid sentiu por mim. Quando lhe perguntei o motivo, ele me disse que era porque eu era um *pomme**! Sid odiava

---

* Expressão australiana para se referir aos ingleses, provavelmente derivada de *pomegranate* (romã) devido à semelhança entre a cor da romã e a compleição sangüínea dos ingleses. (N. T.)

os ingleses, ou — para ser mais preciso — o fato de eu ser inglês era a desculpa que Sid usava para expressar o seu ódio. Ele reagiu a mim, a despeito do fato de que só nos víamos raramente, porque sua vida era uma vida de reação baseada no medo, e não de resposta de amor. A reação baseada no medo nos leva a nos tornarmos vítimas, ou a procurar uma vítima. Em qualquer dos casos, somos *nós* as vítimas.

* * *

A liberdade pessoal requer que cresçamos no decorrer dos anos. Você se lembra dos jogos com que brincávamos quando crianças? Recorda-se de como ficávamos de mau humor diante de coisas mínimas? Lembro-me bem de que, se um de meus colegas deixava de gostar de mim, então eu, naturalmente, deixava de gostar dele. Os dois ficávamos emburrados em um canto. Não ria — muitos adultos nunca cresceram além disso! Adquirir liberdade pessoal significa transcender esses jogos juvenis. Significa renunciar aos programas reativos postos em ação na nossa juventude, e responder ao impacto do momento.

Durante quatro anos, Treenie e eu vivemos numa comunidade. Eu poderia falar muito sobre isso, mas, no momento, limitar-me-ei a relatar só uma história. Qualquer pessoa que sabe alguma coisa a respeito de comunidades não desconhece que a ocupação predominante de seus membros é ficarem sentados em círculo, encontro após encontro. Poderíamos passar dois dias discutindo se a alface deveria ser cultivada em fileiras retas ou em círculos. Essa não é uma boa maneira de cultivar legumes, mas é um grande caminho para as pessoas crescerem — um crescimento pessoal em condições de estufa.

Bruce era um dos nossos membros mais antigos, e outro nativo de Áries. Qualquer coisa que eu sugerisse, ele argumentaria contra. Discussões de dois dias eram comuns quando ele e eu estávamos envolvidos. Durante uma dessas sessões, observei que, independentemente do que quer que eu dissesse, por mais grotesco ou irrisório que fosse, Bruce reagiria para me contradizer. Por esse motivo, comecei um jogo perverso, fazendo sugestões cada vez mais extravagantes, enquanto o pobre Bruce ficava cada vez mais a ponto de explodir.

Então, algo imprevisto aconteceu. Quase que de súbito, observei Bruce sob uma luz diferente. Vi e reconheci a coragem dele. Naqueles dias, eu estava inclinado a passar um rolo compressor sobre as pessoas nos encontros comunais, quando, de repente, reconheci que Bruce estava sempre tentando amortecer o meu impacto. Ele se preocupava com a comunidade tanto quanto eu. Com uma sensação de choque, percebi que o respeitava e admirava por isso.

A partir desse momento, meus sentimentos de reserva fria se transformaram em cordialidade todas as vezes que o encontrava.

Mas apenas de minha parte houve mudança e reconhecimento. Isso não fez com que Bruce passasse automaticamente a gostar de mim e a me aceitar. Ele mantinha distância, irradiando claramente um sentimento de desaprovação.

Pela primeira vez, eu fui capaz de deixar para trás meu programa baseado num comportamento infantil, um programa de reação impensada: Não gosto de você porque você não gosta de mim. Eu era agora capaz de responder, e isso parecia fantástico! Agora, eu gostava de Bruce, mesmo que ele não me aceitasse. Descobri uma liberdade nesse fato. Uma liberdade simples, mas suficientemente poderosa para mudar por completo o meu padrão de comportamento e, finalmente, mudar o dele. Acabamos tornando-nos amigos.

6

A abordagem dois-por-quatro

Minha esposa Treenie participa com tanta força da minha vida que é natural sua presença neste livro como uma personagem bem caracterizada. Para ser honesto, depois de trinta e dois anos de casamento, pertenço agora mais a um nós que a um eu!

Treenie é uma pessoa maravilhosa com quem compartilhar a vida, uma mulher de introvisão e de grande sabedoria. No entanto, como acontece com todos nós, muitas de suas admiráveis qualidades tiveram de ser desenvolvidas.

Treenie é uma pessoa muito forte; tranqüila, mas forte. Seu calor e sua sinceridade naturais tendem a esconder a força do seu caráter, mas a força também precisa ser temperada — em geral pelo fogo. A força, quando rígida, pode conter falhas estruturais. Sua rigidez é uma falha. Isso foi algo que Treenie teve de aprender, e, devido à sua força, a lição exigiu uma abordagem de alto impacto. Como sempre acontece, quando precisamos nos mover para além de uma restrição auto-imposta, a vida proporciona a oportunidade perfeita.

Tudo começou quando convidei um novo amigo, Jack, e sua mulher, Helen, para um jantar. Jack era bem mais velho que eu e, como diretor de sua própria empresa e membro administrativo de outras sete, era um homem de grande percepção e rico em experiência. Era também um romancista bem-sucedido. Conhecemo-nos quando ele me convidou, na minha qualidade de consultor em agricultura orgânica, para orientá-lo sobre o cultivo orgânico de seus poucos acres de plantação de uvas Pinot Noir. Ele não só apreciava um bom vinho como também queria fazer experiências de produção vinícola.

Conversamos e descobrimos que tínhamos muito em comum, daí o convite. Isso aconteceu nos primeiros anos de minha atividade como escritor, e Jack, com seus quarenta anos de experiência, tornou-se uma espécie de mentor para as minhas tentativas literárias. Ele gostava de escrever e das palavras bem trabalhadas; por isso, quando fazia críticas à minha redação, eu ficava cuidadosamente atento. Jack era um conversador muito franco — nada de palavras tolas ou vazias.

Numa tarde, cheguei em casa depois de ter passado metade do dia com Jack, e disse a Treenie que os convidara para jantar. Ela me olhou fixamente. "Pensei que você tinha me dito que Helen é uma fumante inveterada."

"E é mesmo", disse eu. "E daí?"

"Você se esqueceu de nossa regra: não-fumar-dentro-de-casa?"

Olhei para ela com ar suplicante. "Não, não me esqueci, mas Helen é uma fumante compulsiva. Não podemos pedir para ela não fumar. Seria impossível para ela."

Trennie encarou-me com firmeza. "Você conhece a nossa regra."

"Certamente podemos afrouxá-la um pouco", aleguei.

"Definitivamente, não. Qual o sentido de se estabelecer uma regra proibindo fumar e depois quebrá-la para pessoas que fumam? Isso destrói toda a finalidade da regra."

"Em princípio, concordo com o que está dizendo, mas certamente as pessoas são mais importantes do que as regras", respondi.

Treenie lançou-me um olhar fixo e inflexível.

"Que tal se abríssemos uma exceção para Helen, mas para ninguém mais", sugeri esperançoso.

Mas as palavras de Treenie eram decididas e finais. "Absolutamente não. Ninguém fuma em nossa casa."

"Então, o que é que eu faço?", perguntei-lhe.

"Você tem de telefonar para Jack e dizer a ele."

"Se eu o fizer, será o fim do nosso jantar. Eu conheço o Jack."

"Você será capaz de fazer a coisa certa."

"Por favor, mude de idéia", supliquei.

Treenie permanecia inabalável. "Regra é regra."

Com relutância, dirigi-me ao telefone, discando os números com os dedos subitamente enrijecidos e desajeitados. Jack atendeu. Senti-me embaraçado ao extremo para explicar a situação. Disse-lhe que a proibição de fumar era a nossa regra, para não culpar Treenie. Ele me ouviu sem interromper enquanto eu, atabalhoado, lhe dava a minha explicação.

"Está bem, Michael", disse ele com determinação. "Não iremos, e assunto encerrado. Não preciso deixar minha mulher numa situação embaraçosa. Se ela não pode ser aceita da maneira como é, o melhor que temos a fazer é ficarmos afastados." O telefone estalou no meu ouvido.

Gemi. Sua reação foi ainda pior do que eu esperava. Arrasado, caminhei para o quarto em direção a Treenie.

"Então, o que aconteceu?", perguntou ela vivamente.

"Eles não virão", respondi com gravidade. "Foi isso o que aconteceu. Eu bem que lhe avisei. Espero que esteja satisfeita. Jack fez exatamente o que eu teria feito se alguém não aceitasse você com seus hábitos particulares."

Afundei na minha cadeira, e minha expressão perdeu todo o ânimo. Pela primeira vez, Treenie caiu em si, compreendendo a situação em que me forçara a entrar. Não querendo me ferir, ela cedeu.

"Realmente, sinto muito", disse ela. "Eu não imaginei que as coisas chegariam a esse ponto. Se Helen fuma, aceitarei o fato, sinceramente. Telefone a Jack e diga-lhe que está tudo bem."

Com um novo ímpeto de esperança, perpassado, no entanto, por um pressentimento agourento, voltei ao telefone, disquei para Jack e lhe transmiti a nossa nova decisão.

"Muito gentil de sua parte, Michael, mas, devido às circunstâncias, seria muito difícil. Helen fuma, e vocês não gostam disso — não é justo nem para vocês nem para Helen. Não, não iremos, mas não se preocupe. Isso não prejudicará a nossa amizade." Algumas palavras mais e, à medida que tudo foi escapando das minhas mãos, e que o nosso relacionamento foi indo por água abaixo, o telefone emudeceu.

Derrotado, contei a Treenie o que acontecera. Foram-se todos os traços de comportamento irrefletido que tinham marcado sua postura e sua abordagem do problema. Ela olhou para mim, percebeu meu desapontamento e minha derrota, e isso finalmente a tocou. Ela, que normalmente costumava encorajar um marido um tanto sensível, arruinara uma valiosa amizade antes mesmo que ela tivesse de fato começado.

Depois de longo, tenso e irremediável silêncio, ela começou a chorar, baixinho de início, e depois em soluços longos e convulsivos. "Foi tudo por minha culpa. Eu estava tão inflexível, e agora é tarde demais.

Sei o quanto você respeita Jack e valoriza a sua amizade, e agora eu a arruinei. Estou tão desconsolada!"

Para ser franco, deixei-a chorar. Imaginei que ela merecia isso.

Na manhã seguinte, Treenie, arrependida, sugeriu que fôssemos visitar Jack e tentar convencê-lo. Ela não o conhecia pessoalmente e queria o meu apoio para o seu confessionário.

"Não", disse-lhe. "A decisão foi sua. Além disso, pelo que eu conheço de Jack, sei que isso de nada adiantaria. Ele e eu passaríamos por cima do incidente, mas ele não teria nenhum respeito por você, e isso não estaria certo. Não quero a amizade dele por esse preço. Claro, você cometeu um erro e o reconhece, mas você é uma pessoa muito digna de respeito. Na minha opinião, você deveria ir sozinha."

Sem mais palavras, ela entrou no carro e saiu.

Jack me contou o que aconteceu depois.

Treenie chegou em sua casa, apresentou-se a ele e a Helen, e disse-lhes que tinha sido ela, e não eu, que insistira na regra do não-fumar. "Compreendi tarde demais que a amizade é muito mais importante do que as regras, e que são as pessoas o que realmente importa", disse ela, e a seguir desatou a chorar. "Eu sabia de tudo isso", soluçou. "Só não consigo entender como me tornei tão terrivelmente rígida e inflexível."

Jack passou o braço ao redor dela, acalmando-a, enquanto Helen punha a chaleira no fogo para preparar o bálsamo universal — uma xícara de chá.

"Qualquer pessoa que tenha a coragem de enfrentar este velho leão em seu próprio covil e que seja tão honesta como você não tem nenhum problema verdadeiro", rugiu ele. "Todos nós cometemos erros de vez em quando. Você merece o meu respeito." E, piscando para ela, acrescentou: "*Nós iremos* ao jantar."

Assim o fizeram, e Helen não fumou nem uma vez.

Treenie e eu demos ao seu método o nome de aprendizagem dois-por-quatro. O que queremos dizer com isso é o seguinte: sempre que nos tornamos rígidos e inflexíveis, ou cegos e teimosos, parece que a vida organiza uma situação que nos atinge com força suficiente para quebrar ou a nossa rigidez ou a nossa couraça de indiferença ou de complacência, ou até mesmo os nossos hábitos.

Mais uma coisa. O poder do impacto de um tamanho metafórico de dois-por-quatro é sempre diretamente proporcional à densidade do objeto a ser golpeado sem dó.

Simples, não?

7

Punido com muita eficiência

Você já notou como nos acontecem *coisas*, na vida diária, em concordância direta com a maneira como percebemos a nós mesmos? Pense um pouco sobre isso. Eu quero dizer que, se fazemos a outra pessoa algo que nos aborrece, ou algo de que venhamos a nos arrepender, é fatal que alguma coisa igualmente desagradável venha a ocorrer conosco. O único problema é que, na ocasião em que esse fato vier a ocorrer, nós já teremos descartado ou esquecido o fator que o causou.

Treenie e eu nos familiarizamos com essa fraqueza do comportamento humano quando, há mais de uma década, estávamos envolvidos na formação e no estabelecimento de uma comunidade. A comunidade Homeland (Terra Natal) foi uma experiência com a maneira holística de viver, que combina conscientemente corpo, mente e espírito no nosso trabalho diário — ou que tenta fazê-lo! Os quatro anos em que Treenie e eu moramos lá foram uma época de intenso crescimento pessoal.

Você poderia supor que uma comunidade de pessoas, vindas de todos os extratos sociais, morando num luxuriante vale subtropical e cultivando organicamente o seu alimento seria o exemplo ideal da boa saúde. Nada poderia estar mais longe da verdade. Éramos, na realidade, pessoas em crescimento — um processo ao qual resistíamos com toda a perversidade normal que nos era disponível, muito embora o crescimento constituísse o propósito global do exercício. Você sabe como isso funciona: só porque eu sei que isso é bom para mim não significa que deixarei de resistir a isso com todas as forças!

Desse modo, em proporção direta à nossa resistência ao processo de crescimento pessoal, vamos ficando doentes. Posso, em retrospecto, escrever facilmente sobre isso, mas, na época, sofri como todas as outras pessoas. Apanhávamos resfriados e gripes, éramos vítimas de cortes e de torções, e de abjetas feridas tropicais! E também tínhamos de suportar outros males, tais como a depressão, os ataques de pânico e os sentimentos de total isolamento — total isolamento numa comunidade! Em suma, um baú de misérias de toda a espécie.

Homeland foi aberta aos visitantes, e tinha até mesmo um programa para hóspedes, dirigido àqueles que poderiam querer nos visitar e sofrer conosco durante uma semana ou mais. Um programa que, eu poderia acrescentar, estava constantemente cheio. Tenho agora uma suspeita bastante desagradável de que alguns de nossos hóspedes vinham passar uma semana conosco apenas para reforçar o sentimento de como eles estavam bem antes dessa visita. Mas é verdade que também nos divertíamos e, às vezes, o amor era quase palpável.

Um homem que morava na área costumava convocar, para uma visita de mais ou menos uma hora, alguém que quisesse bater um papo com ele. Allen era um espinho particular nas minhas costas. Todas as vezes que abria a boca, parece que o fazia para criticar ou ridicularizar — e eu protegia com muito empenho a nossa comunidade. Numa tarde quente e ensolarada, quando uma leve epidemia de uma espécie de gripe deixou muitos de nós abatidos, estávamos consolando-nos mutuamente sob a sombra de nossa enorme figueira Port Jackson quando Allen entrou em cena para uma breve visita.

"Está tudo na mente", disse-nos, varrendo com um olhar arrogante nossas fileiras de nocauteados. "Se as mentes de vocês fossem claras e ordenadas, seus corpos refletiriam isso. Vocês têm de fazer o corpo e a mente trabalhar juntos."

Tive um ímpeto esmagador de entupir-lhe a boca com folhas de figueira, mas me sentei silenciosamente, fervendo. Em retrospecto, chego a pensar que isso também era crescimento.

Meses se passaram, e certa manhã observei Treenie debaixo da mesma árvore amiga tratando de alguém com úlceras tropicais. Caminhei até lá para investigar, e imaginem quem era. Era o nosso visitante sabichão, Allen, atacado por graves feridas tropicais.

Pensam que senti preocupação ou compaixão? Nada disso. Examinei-o, olhando-o com desprezo, e disse: "Não se preocupe, está tudo na sua mente. Se ela fosse clara e ordenada, seu corpo refletiria isso." (Nem sempre fui o sujeito gentil que as pessoas, hoje, adoram e admiram.)

Treenie fuzilou-me com os olhos. “Se você não pode nos ajudar, Michael, vá embora e deixe-nos em paz.”

Como aquele era o seu clássico olhar de raiva coberto por escamas de gelo, eu sabia que era o momento de bater em retirada, mas fui embora rindo dele deliberadamente.

Mas no fundo — bem no fundo — minha consciência se perturbou. *Você se lamentará*, disse ela mansamente, antes que eu a empurrasse para profundezas ainda mais inatingíveis.

Quando passei em frente do barracão que alojava o nosso trator comunitário, uma voz me chamou: “Ei! Michael, não consigo fazer nenhum combustível diesel passar por este tubo.” De imediato, fiquei envolvido e intrigado, e me aproximei.

O tubo de combustível do trator estava entupido. Uma vez que eu tinha uma boa experiência com essas coisas, coloquei a boca numa das extremidades do tubo desmontado e, cautelosamente, fiz uma sucção. Sem que eu pudesse prever, minha boca ficou instantaneamente cheia de óleo. Cuspi e, forçado a manter a boca aberta, abri caminho até a bacia de rosto mais próxima, onde lavei a boca com água e sabão.

Foi então que caí em mim. Num estalo, percebi a ligação entre a minha maneira repugnante com o sofredor paciente de Treenie e o fato de a minha boca estar cheia de um repugnante combustível. Sem dúvida, foi essa a hora do *você se lamentará*!

Sempre capaz de reconhecer meus defeitos quando a vida os revela de maneira tão fulminante, voltei para baixo da árvore e me pus ao alcance do furioso olhar do tipo “não se atreva” de Treenie.

“Quero pedir desculpas pela maneira como falei com você”, disse eu.

O paciente e Treenie me encararam com espanto. “Meu comportamento foi grosseiro e ofensivo”, continuei. “Mereço ter a minha boca lavada com sabão e água pelo que eu disse. Sinto muito.”

Quando Allen e Treenie se recuperaram do choque de tão abrupta mudança, sentamo-nos e conversamos. Que engraçado! Conhecendo melhor Allen, percebi que ele era realmente um bom sujeito. Talvez um pouco direto e franco, mas, afinal, é possível que eu também fosse um pouquinho dessa maneira.

A lição foi muito direta e simples — a vida é assim — e às vezes a lição é vivenciada de modo muito mais áspero que uma simples lavagem de boca.

No dia em que Tracy, nossa filha, completou dezesseis anos, duas de suas amigas vieram passar o dia em nossa casa. Eu lia, sentado numa grande e confortável cadeira da sala de estar quando Tracy, acidentalmente, pisou no meu pé direito, provocando uma dolorosa torção do dedo maior. Se ela estivesse sozinha, ficaria agitada e me faria carinho, fazendo-me ter certeza do quão pesarosa ela estava. Porém, como suas amigas estavam com ela, disse-me apenas um breve e embaraçado "sinto muito", e deixou a sala.

Pouco depois, uma de suas amigas entrou correndo para dizer que Tracy sofrera um feio corte. Elas estavam descalças e Tracy pisara numa lasca de vidro. Quando nos aproximamos dela, seu pé estava sangrando muito. O corte foi no pé direito, bem perto do dedo maior.

Tivemos de levá-la ao hospital, e o ferimento exigiu uns pontos, mas ficou bem curado. Mais tarde, quando conversei com Tracy sobre o acidente, sugerindo que poderia ter sido uma forma de castigo auto-inflingido, ela ficou pensativa. "Você pode estar certo", disse ela. "Quando saí, senti-me realmente aborrecida a respeito do incidente com o seu dedo."

Tudo muito simples, não acha? Observe o seu próprio comportamento e o de sua família. Você pode estar a ponto de ter uma surpresa em casa.

8

O dia está bom, não está?

A chuva jorrava ao longo das ruas em aguaceiros, num dia de pleno inverno, frio e cheio de ventos, em Melbourne, Oz, quando Treenie e eu precipitamo-nos através da porta de uma pequena e confortável loja especializada em alimentos naturais.

A garota atrás do balcão forçou um sorriso na nossa direção. Tinha o rosto um pouco chupado e sua energia parecia estar num nível bem baixo. "Não é um dia absolutamente horrível?", comentou ela.

"Não", respondi. "Está um lindo dia."

Ela olhou para mim, com surpresa, duvidando de que tinha me ouvido corretamente. "Mas está frio lá fora, chove torrencialmente e sopra um vento terrível."

"Sim", respondi, "tudo isso está certo, mas o que você está descrevendo é o tempo. O tempo não é a mesma coisa que o dia. Suponhamos que você estivesse desfrutando umas férias de uma semana na sua casa, lendo um ótimo livro e confortavelmente encaracolada junto a uma lareira. Que diferença o tempo faria para você? Absolutamente nenhuma. Não obstante, você está aqui, numa loja confortável, quente e seca, e você chama a isso de dia horrível. Você sabe o que esse pensamento faz a você?"

"Não", disse ela, parecendo insegura.

"Ele a põe à mercê de como você estabelece o seu dia, é isso o que ele faz a você. A maneira como você afirma que as coisas são tornam-se, de fato, a maneira como as coisas são.

"Que tal seria se você tivesse saltado da cama esta manhã dizendo: 'Puxa, que dia maravilhoso para se estar vivo! Sei que hoje terei um dia excelente.' E quando você olhasse lá fora, pela janela, diria: 'O tempo está uma droga, mas o dia, magnífico.' Você estaria preparada para ter um dia maravilhoso. Um dia que poderia ser positivo e enobrecedor, não obstante o mau tempo."

Dirigi à moça um amplo e caloroso sorriso. "E aqui estamos nós, mantendo uma bela discussão sobre a vida, que fez com que sua aparência mudasse de deprimida, quando chegamos, para jovial e sorridente — e olhe que ainda está chovendo e ventando."

A balconista, agora, estava sorrindo decididamente. "Estou tentando saber se o senhor está falando sério ou se está brincando." Ela olhou para Treenie. "Ele é sempre assim?", perguntou.

"Receio que sim", respondeu Treenie, num tom jovial.

A garota parecia pensativa. "O senhor sabe", disse ela, "nunca olhei dessa maneira para as coisas, até agora. Realmente, acho que o senhor está certo." E, de súbito, pareceu estar encantada. "Que idéia original. É assim que eu vou fazer a partir de agora."

Você captou a idéia? Simples, não é mesmo?

9

A crença do penitente

Há certas crenças extremamente poderosas, e comumente sustentadas, que podem ser muito desagradáveis e até mesmo nocivas. Para tornar a situação ainda mais enganadora, algumas dessas crenças às quais irrefletidamente aderimos são subconscientes. Nem mesmo estamos cientes se de fato acreditamos naquilo que julgamos acreditar! Em certa época, eu acreditava que os seres humanos cresciam graças ao sofrimento. Embora eu não compreendesse isso, bem no fundo do meu subconsciente havia um programa que dizia: nascemos em pecado e somos purificados por meio do sofrimento; assim como os músculos físicos se desenvolvem levantando coisas pesadas, os músculos espirituais crescem vencendo o fardo do sofrimento.

Hoje, considero essa uma crença particularmente sórdida, embora seja muito comum. Naturalmente, essa crença se manifesta no sofrimento. O irônico é que nós, de fato, muitas vezes crescemos em conseqüência do sofrimento, o que reforça e mantém a crença.

Felizmente, podemos mudar a programação interior. Permita-me compartilhar com vocês a história de minha própria mudança interior.

Quando eu tinha vinte e nove anos, fraturei um disco na parte inferior da espinha. Quando se é agricultor, são muitas as oportunidades para que aconteçam problemas como esse. Uma consulta ao médico pouco ajudou. "Você torceu um músculo", disse ele, descartando-me. "Tome alguma dessas pequenas pílulas vermelhas para aliviar a dor e logo estará bom novamente."

Ele estava errado. Sete anos mais tarde, depois de muitos surtos de dor intensa e dilacerante, outro médico examinou minhas chapas de raios

X e diagnosticou um disco fraturado, que se tornara então um problema crônico e que poderia me levar a uma eventual incapacidade física.

É nesse ponto que tenho de assumir plena responsabilidade pela minha dor. Por volta dos meus trinta e cinco anos, tornei-me totalmente comprometido com o crescimento pessoal e espiritual. Dessa maneira, meu compromisso interior com a atividade de crescimento acionou a minha crença subconsciente — eu criara a dor para que pudesse crescer através do sofrimento. Eu não somente manifestara a minha lesão nas costas como também levei a mim mesmo até um médico incompetente para que o sofrimento pudesse vir a se tornar crônico. Nunca subestime o poder criativo que cada um de nós possui! A arte de viver consiste em fazer uso desse poder de um modo mais consciente e afetuoso.

Durante vinte anos, usei a dor na parte de baixo das costas para criar o sofrimento que eu, subconscientemente, acreditava ser necessário para o crescimento interior. Numa de suas fases, a dor levou ao espasmo a maior parte dos músculos do meu corpo, torcendo-me numa cerrada posição fetal no chão da sala de estar. Finalmente, quando minha bexiga estava cheia, fiquei em choque ao descobrir que não conseguia urinar. A dor nas costas era tão intensa que eu não era capaz de enviar uma mensagem para que a minha bexiga soltasse. Horas mais tarde, minha pele foi ficando amarelada, à medida que meu corpo tentava reabsorver a urina. A próxima coisa de que me lembro é que fui hospitalizado, cateterizado, submetido a tração e drogado.

Quatro anos depois, ainda sem qualquer indício de que a minha dor tinha sido auto-induzida, surgiu um outro dramático confronto com o sofrimento. Mas foi um confronto ainda mais criativo.

Certa manhã, bem cedo, saltei da cama com o meu costumeiro vigor de ariano. Eu estava de pé no chuveiro, todo ensaboado, com a água caindo em cascata sobre a minha cabeça e os meus ombros, quando uma sensação estranha desabou sobre mim. Embora a água estivesse quente, senti como se houvesse gelo escorrendo pela minha espinha. No espaço fechado do cubículo do chuveiro, quente e saturado de vapor, senti uma faixa de frio ártico percorrer o meu corpo. Não era um frio sentido na pele, mas no eu interior.

Embora eu estivesse em luta para compreender o que estava acontecendo, uma esmagadora sensação de bem-aventurança parecia encher o espaço gelado. Eu sabia que, se fosse capaz de desviar o meu senso de identidade para fora do meu corpo físico e me tornasse aberto e receptivo, poderia então tornar-me uno com aquela bênção impalpável, com aquela exaltação que pairava a uma distância tão pequena de mim como a espessura de um fio de cabelo.

Sentimentos mistos de júbilo e de desespero irrompiam em mim. Eu estava muito perto de uma fonte de amor transcendental; não obstante, estava tão afastado dessa fonte! Eu me sentia como se alguma luz poderosa estivesse esperando por uma fusão de nossas energias; mas, infelizmente, isso permaneceu além do meu alcance. Era a experiência do amor como um eco distante, e não como experiência esmagadora. Desapareceu rapidamente, o júbilo recuou e o desespero permaneceu.

Eu falhara, percebi, porque tinha tentado agarrar a experiência. Sempre acreditei que a minha maior dádiva na vida era a minha simplicidade; no entanto, eu não era suficientemente simples para simplesmente me soltar e deixar acontecer.

Mais tarde, saí para alimentar nossas doze galinhas. Cinco minutos depois, quando as observava bicando sua refeição matinal, com o pensamento na experiência sob o chuveiro, a parte inferior das minhas costas, súbita e dramaticamente, entrou num espasmo violento.

Entrei em colapso, como se tivesse sido baleado.

Permaneci quieto, estendido no chão. Com o meu histórico da dor nas costas, eu sabia a razão. Pouco depois, quando os espasmos diminuíram, tentei gritar. Pouco depois, Treenie e Tracy apareceram.

É melhor cobrir com uma cortina a hora que se seguiu — foi tão dolorosa — e retomar a história na clínica quiroprática de um amigo íntimo, John Caporale. Sustentado por seus braços fortes, cambaleei até a sala de tratamento e me deitei na mesa de correção, com almofadas. Durante vinte minutos, fiquei sob uma lâmpada de aquecimento para suavizar a dor; depois, passei por uma massagem destinada a relaxar os músculos rígidos. A seguir, John tentou colocar-me em posição para realizar um ajuste corretor, mas, perversa, a dor irrompeu mais uma vez e eu não consegui virar o corpo. Arrojadamente, ele me pôs de pé para que eu me mantivesse, durante meia hora, sob o tratamento de um impulso elétrico brando — e eu piorei. Finalmente, acabei contorcido numa posição fetal, no assoalho acarpetado de John, apanhado nas garras de um outro violento espasmo muscular.

Senti o mais terrível desespero. Senti que estava cedendo, rendendo-me à dor. Senti que, se ela me consumisse, isso não faria mais nenhuma diferença. Eu nunca me sentira assim antes. Eu sempre resistira à dor com todas as minhas forças, mas não conseguia mais fazê-lo. Parecia que eu estava flutuando em dor, e, no entanto, inacreditavelmente, mais uma vez, aquela bem-aventurança de amor e de luz surgiu e pairou junto a mim.

Eu sabia, sem sombra de dúvida, que se eu pudesse aceitar totalmente a minha dor e a "mim mesmo", então eu e a plenitude do amor tornar-se-iam uma coisa só. Com esse conhecimento tive consciência de que a dor estava no meu corpo e eu pude aceitá-la. Mas o "meu eu" existe em outro plano e, infelizmente, eu sabia que era impossível me submeter a isso.

À medida que eu me livrava da dor de uma maneira que nunca fora possível antes, a bem-aventurança de amor fundiu-se comigo. Mas foi apenas uma fusão parcial, e apenas a minha dor física foi afetada. Mesmo assim, a dor tornou-se não mais que um distante murmúrio de fundo, e eu consegui me levantar do chão.

Eu gostaria de ser capaz de dizer que compreendera então que eu era o próprio autor da minha dor, mas o meu conhecimento ainda não abrangia essa verdade. Quase no fim desse dia a minha sensação de euforia começou a desaparecer e a dor a se intensificar novamente. No entanto, eu não tinha mais espasmos agudos; a dor agora era profunda e constante.

Graças aos cuidados de John, fui melhorando pouco a pouco no decorrer das semanas seguintes até que fiquei, mais uma vez, relativamente livre da dor. Tão logo eu pude dizer, com segurança, que estava melhor, meu filho mais velho, Duncan, veio passar alguns dias conosco.

Sem entrar em detalhes, devo dizer que ele e eu tivemos uma rixa tremenda. Duncan era muito inconstante, muito desenvolto no uso da palavra e muito forte. Há longo tempo ele reprimira uma enorme quantidade de raiva, que vinha da sua infância. Assim, quando tudo isso lhe veio à cabeça, ele simplesmente explodiu. É provável que fosse essa a primeira vez na minha vida que me tornei vulnerável à cólera de outra pessoa. Tentei bloqueá-la mentalmente, mas algo dentro de mim não permitiria que isso acontecesse. Duncan persistiu em sua ira, extravasando-a em abusos verbais e em acusações durante mais de uma hora, sem perceber e sem se preocupar com o que estava acontecendo comigo.

Quando se levantou e saiu da sala, deixou atrás de si os ecos de sua voz. Eu, que costumava aniquilar os outros em qualquer embate verbal, tinha sido arrasado. Senti como se um lança-chamas tivesse sido projetado sobre a minha psique, cauterizando qualquer sentimento. Durante o restante daquela tarde, senti um ferimento interior diferente de tudo o que já experimentara até então.

Em vez de amenizar, o ferimento aumentava à medida que as horas passavam. Durante toda aquela noite fiquei acordado, estendido na cama, sem trazer à memória as palavras de conforto de Treenie, e a dor ia crescendo.

Na manhã seguinte, fiz um grande esforço para comer alguma coisa, na varanda em frente da casa. Estava totalmente despreparado para o Duncan que me encontrou lá, cheio de bom ânimo, perguntando como eu estava me sentindo.

"Penso que seria melhor você voltar para casa", disse-lhe com severidade.

Mal tinham as palavras saído de minha boca, e Duncan explodiu mais uma vez numa fúria de quem se sentia ofendido. Em poucos minutos, ele estava atirando suas roupas dentro da mala e gritando pelo resto da casa. Retirei-me para o meu quarto para cuidar de minha psique despedaçada. A casa de loucos ardia em chamas. Todos gritavam com todos — todos, menos eu. Deitei na cama, sentindo-me triste por mim mesmo.

Treenie, de súbito, irrompeu no quarto. "Michael, você deve esclarecer isso com Duncan. Você não pode deixar que a família se arrebente dessa maneira. Será que não percebe? Esse é um outro teste." Com essas palavras, Treenie saiu tempestuosamente do quarto.

Continuei deitado, em silêncio. Desde que assumira um compromisso com o meu crescimento interior, eu tinha realmente enfrentado um teste depois do outro. Relutantemente, percebi que aquele era mais um teste. Um teste tremendamente vil, no qual eu tinha quase fracassado. A introvisão surgiu com a clareza de um jorro de luz. Duncan fora o catalisador do meu sofrimento, mas, em algum lugar do processo, eu tinha sido consumido por uma esmagadora autopiedade.

No momento da introvisão, a bênção do amor, mais uma vez, pairou junto a mim. Eu sabia que, para me juntar com esse amor mais elevado, eu teria de aceitar a minha dor. Mas como? A dor não estava no meu corpo; essa dor era eu — eu *era* a dor.

Eu não tinha idéia de como me livrar dessa ferida interna. Todos os meus anos de crescimento pessoal pareceram de pouco valor quando enfrentei um momento da verdade. Conseqüentemente, a aceitação da minha dor representava pouco mais que um gesto simbólico, mas era o máximo que eu podia fazer. Bastaria que eu conseguisse me levantar da cama, caminhar pela sala de estar, colocar meus braços ao redor de Duncan e dizer-lhe que o amava. E, de fato, fiz isso. Eu sabia, sem realmente entender como, que, enquanto catalisador, Duncan estava me oferecendo um grande presente.

Mais tarde, quando estávamos os dois sentados no gramado conversando, ele me disse uma coisa estranha: "Tudo isso tem sido uma verdadeira catarse para mim, e uma conclusão; mas para você é um começo."

"O que você quer dizer?", perguntei.

"Não sei", disse ele.

Momentos depois, Treenie chamou para dizer que Tracy tinha desaparecido. Em meio a toda a balbúrdia da nossa grande briga, ela desaparecera, e nem estava informada a respeito do final feliz.

Por intuição, eu sabia onde ela estava, e fui descendo os degraus escarpados em direção ao rio que corria em frente da nossa casa. Como era de se esperar, encontrei Tracy sentada na minha rocha fluvial favorita, chorando.

Abraçamo-nos e subimos de volta os vinte ou mais degraus, sem nos apressarmos. Mas, para mim, o estrago já estava feito. Descer os degraus deixou minhas costas entregues a um total desarranjo. Quando Duncan foi embora, no fim daquele dia, eu estava prostrado de costas novamente.

Ao longo das seis semanas seguintes, embora John estivesse me tratando, fiz poucos progressos. Eu podia caminhar, mas só arrastando dolorosamente os pés.

Durante essa época, uma velha amiga nos visitou, ficando dois dias conosco. Nós a conhecemos quando morávamos na Tasmânia. Ela tivera uma importante influência em nossas vidas. Embora uma forte amizade tivesse permanecido, a visita revelou o quanto nossas filosofias tinham divergido. Quando ela saiu, sua observação de despedida foi a seguinte: "Foi bom tê-lo visto novamente, Michael, mas você está ciente de que perdeu a sua alegria?"

Com essa observação, e um beijo de adeus para Treenie, ela partiu.

Foi bom você dizer, pensei com amargura, enquanto seu avião subia rumo ao céu azul. Você também perderia a sua alegria se estivesse sofrendo tanto quanto eu. Mas a observação me assustou.

John chegava a trabalhar comigo duas vezes por dia, e eu podia sentir sua frustração crescente diante do meu malogro em responder ao tratamento. Cinco semanas se passaram. Num domingo, depois de outra sessão, ele disse que minhas costas estavam tão sem resposta que não tinha certeza de que o tratamento me proporcionaria alguma melhora, questionando se valeria a pena continuá-lo. As implicações me assustaram. Nessa noite, a dor rastejou novamente seus dedos pela parte de baixo de minhas costas e nádegas. Por que eu não respondia ao tratamento? Será que eu iria me tornar, novamente, um caso de hospital? Será que eu acabaria como um inválido? A dor, no entanto, é muito cansativa; finalmente, dormi.

A luz do Sol me despertou. Abri os olhos, apenas para voltar a fechá-los, angustiado.

Eu estava tendo um ataque de celulite. Mais incômoda do que dolorosa, a celulite é a inflamação do tecido subcutâneo do rosto. Essa dor tinha me importunado durante quase cinco anos e, embora eu soubesse que estava relacionada com a tensão, nada que eu tentasse fazer parecia impedir o seu aparecimento. Os sintomas eram a sensibilidade à luz e a inchação ao redor dos olhos, do maxilar, dos ouvidos, do nariz e da boca — todos com intensa comichão.

Eu estava de novo com celulite, e eu mal podia me mover, tal era a dor na parte de baixo das costas. Foi então que, surpreendentemente, de dentro das negras profundezas do desespero, surgiu uma luz muito brilhante, inundando-me com sua revelação. Era como se eu visse a mim mesmo, claramente, com toda a sujeira posta de lado.

Era isso mesmo — era um momento esmagador! Durante a maior parte da minha vida, levei meu corpo a médicos para que o curassem, e, no final das contas, eles não puderam fazê-lo. Mais tarde, pensando no assunto com mais clareza, deixei-o aos cuidados de quiropráticos e de naturopatas, e uma vez mais eles não conseguiram curar o meu corpo. Eu *sabia*, agora, que chegara o momento de assumir total responsabilidade pela minha saúde. Eu compreendia, finalmente, que ninguém mais poderia fazê-lo. Embora eu não tivesse idéia de como lidar com o problema, eu tinha a certeza de que o conseguiria.

Contei a Treenie sobre o que ocorrera. Fiz com que ela prometesse que, independentemente do que viesse a acontecer — era isso aí! Mesmo que a celulite ameaçasse a minha vida, que fosse assim. Teria de ser um confronto final.

Entenda, por favor, que eu não estava tentando ser dramático. Eu *sabia* que, se não pudesse seguir isso até o fim, continuaria a sofrer pelo resto da vida.

Nenhuma cura dramática seguiu-se a essa revelação. Outros dois dias de dor e de miséria se passaram, e, não obstante, a certeza íntima de que eu tinha a capacidade de me curar tornou-se ainda mais forte. Durante a maior parte do tempo fiquei confinado à cama, mas, no terceiro dia, esforçando-me com determinação, consegui andar cambaleando até a varanda. Fiquei sentado, extremamente desconfortável, num velho sofá, quando Yvonne, uma amiga, veio nos visitar para bater um papo.

"Meu Deus! Parece que você está totalmente duro, Michael."

Estas não foram exatamente palavras de conforto. Disse-lhe que, a despeito das aparências, eu estava me curando. Yvonne levantou as sobrancelhas sem dizer nada.

Poucos minutos depois, Treenie apareceu com uma bandeja de café. Era óbvio que ela ouvira a nossa conversa.

"Michael acredita que crescemos através do sofrimento", disse ela, "mas eu não aceito isso. Creio que crescemos através do amor. Não temos de sofrer. Michael está preso à idéia fixa de vestir a roupa do penitente."

Quantas vezes eu a ouvira fazendo a mesma observação sobre o meu sofrimento? Agora, pela primeira vez, um repique de verdade, vindo de suas palavras, ecoou na minha cabeça. Será que eu estive atado ao sofrimento durante todos esses anos? Sob o eco das palavras de Treenie, surgiu outro eco: "*Michael, você já se deu conta de que perdeu a sua alegria?*"

Oh! meu Deus! Eu não tinha perdido a minha alegria. Na verdade, eu nunca a tive. Fui feliz, especialmente no meu casamento com Treenie, muito feliz, mas alegria, alegria verdadeira? Uma alegria que falasse de paz, de uma vida sem medo, de uma vida pela graça? Não, eu nunca tive experiência disso. Como poderia? Como poderia ter alegria se acreditava que só era capaz de crescer através do sofrimento?

Foi meu momento de verdade. A mentira da minha crença ficou exposta.

Por um momento, hesitei. Que devo fazer agora? Logo que me fiz essa pergunta, estava dominado por um desejo ardente de encarar a mim mesmo. Olhar para um espelho e me ver, ver o meu empenho em enganar a mim mesmo, ver a minha dor e o meu sofrimento, e, talvez, encontrar o mais leve traço de alegria. Eu queria, desesperadamente, poder dizer a mim mesmo que me amava. E, ainda mais, eu queria ser capaz de ouvir essa declaração!

Lutando com meus pés, fiz a minha caminhada dolorosa da varanda até o quarto de Russell, meu filho mais novo. Sendo de Leão, ele tinha um grande espelho cheio de adornos apoiado no chão. Com os olhos fechados, despenquei no chão na frente ao espelho e, num súbito impulso de esperança, os abri.

Recuei, chocado. O rosto que me devolvia o olhar tinha uma barba de quatro dias, grotescamente inchado pela celulite. Pesadas bolsas pendiam sob os olhos cheios de dor. Minha orelha esquerda parecia um filé de carne crua jogado de qualquer jeito ao lado da minha cabeça. Meu maxilar pendia numa dobra tumefata, e uma inflamação de um vermelho vivo cobria irregularmente o meu rosto. Era um rosto de sofrimento e, na verdade desse momento, percebi que tudo aquilo era criação minha, era a manifestação de uma crença. Se há sofrimento, então eis o resultado.

Sem poder falar, encarei aquela caricatura humana, enquanto lágrimas escorriam espontaneamente pelo meu rosto e, nesse momento, senti que eu tinha alcançado o fundo. Eu estava pronto para o fim da minha vida. Durante todos aqueles anos de sofrimento, eu estivera procurando pelo meu Eu, pelo desejo de saber quem realmente eu era, pela auto-realização, e essa busca tinha me reduzido àquilo — um fracasso abjeto.

Bem no fundo, eu me entreguei — totalmente. Não desisti; eu me entreguei; me conformei com a minha crença no sofrimento, com a minha dor física, e minha procura pelo Eu. Conformei-me com o meu conhecimento, com a minha auto-retidão e com todos os sistemas de crença aos quais estivera preso por tanto tempo. Naquele momento, abandonei tudo o que me afastava da alegria, do viver pela graça, de vivenciar a *verdadeira* paz. Eu me conformei até mesmo com a minha vida. E então, a coisa mais estranha aconteceu. Enquanto eu observava uma gota de lágrima pingando da ponta do meu nariz, uma lembrança antiga, há muito esquecida, começou a voltar aos solavancos.

Quando criança, na Inglaterra, em detestava ver como o inverno frio fazia com que o nariz dos adultos gotejasse. Em nossas frias salas de aula, certo professor sempre tinha uma gota pendente das narinas; isso me fazia estremecer de repulsa. Agora, eu olhava fixo para a gota pendurada no meu nariz — e comecei a dar risadinhas! Simultaneamente, a plenitude do amor e da bênção estava novamente comigo, mas, desta vez, minha capitulação foi completa. O pequeno "eu" tinha momentaneamente morrido na totalidade da minha conformação, para renascer como Eu em união com a plenitude do amor. Com esse renascimento, veio a exaltação de saber quem eu sou.

Além disso, não tentarei captar novamente a experiência em palavras, que são inadequadas. Basta dizer que essa experiência transformou a mim e à minha vida. No lapso de apenas trinta minutos, todos os sinais de celulite tinham desaparecido para não mais retornar. E vinte anos de dores nas costas chegaram ao fim.

Enquanto escrevo estas palavras, já se passaram cinco anos, e a dor nunca mais voltou. Como também não voltou a minha crença no sofrimento.

Devido ao fato de eu ter-me livrado de uma crença baseada na dor e no sofrimento, trocando o desespero pela alegria, sei que você também pode fazê-lo. Isso não exige uma educação universitária, nem um QI superior, nem mesmo um Ph.D. em teologia.

Isso exige apenas a coragem para optar pelo amor, esse poder maior que todos os poderes, esse poder que permite que você seja quem você é enquanto a vida tece em você mudanças maravilhosas e, pelo compromisso de ser fiel a ele, o que quer que ele seja. É simples — não é fácil — mas seus poderes vão além da imaginação.

10

Um tempo para renunciar

O que pode ser mais esquivo do que a paz interior? É um belo assunto para se pensar, pois é algo de que todos necessitamos. Lendo estas páginas, você entenderá que as experiências aqui descritas são fatias da minha vida escolhidas ao acaso. A paz nem sempre foi a minha companheira.

Encontrei, e continuo a encontrar, pessoas que procuram a paz interior alimentando a hostilidade para com o mundo em geral, o que, certamente, é uma maneira fútil de tentar encontrar o que procuram. Durante os quatro anos em que vivi na comunidade Homeland aprendi que a paz não pode ser conseguida com lisonjas, nem pode ser perseguida ou manipulada. À semelhança do que fazem muitas pessoas, eu a persegui como se ela fosse algo fora de mim, algo que pudesse ser encontrado sob um arco-íris ou em rios tranqüilos. No entanto, minhas experiências em Homeland proporcionaram-me uma compreensão intelectual da paz, a despeito de mim mesmo. Eu ainda tinha de aprender que a paz não é algo intelectual — que a paz é uma experiência e não uma compreensão.

Recebíamos muitas visitas em Homeland. Algumas, sem dúvida, eram atraídas devido à diversidade e ao estímulo de um punhado de seres humanos desajustados, algumas devido à sua própria busca interior e outras pela acentuada beleza física do lugar. Possuíamos cerca de 345 acres de colinas verdes, florestas de eucaliptos, campos abertos e um rio. E que rio! Ele circundava a nossa terra ao longo de todo um lado da propriedade, criando uma divisão natural entre nós e a luxuriante floresta chuvosa que escalava as escarpas até um planalto muito mais acima. O rio, límpido como cristal, corria sobre um leito de pedras polidas pela água, somente para desaguar, em soluços, num poço profundo, e para contemplar o oceano. Eu amava aquele rio. Ainda o amo.

Assim como o rio me atraía, muitos hóspedes também se rendiam ao seu encanto. Um deles era um sujeito de meia-idade, de cabelos negros e muito sério, chamado Ben. Ele passava a maior parte do dia junto ao rio, afastado das atividades da comunidade, inclusive do programa dos hóspedes. Eu tinha pouco a ver com ele, mas, numa manhã ensolarada, começamos a conversar enquanto compartilhávamos da sombra tênue de um pinheiro de agulhas finas juntos ao rio. Por um momento, ficamos vendo peixes que, ao saltarem, formavam um cintilante arco prateado perto da superfície da água.

"Ouvi dizer que você vem aqui para se esquivar das pequenas tarefas da comunidade", disse eu, mansamente. Nada como um desafio para dar início a uma boa partida.

Ben parecia aborrecido. Mas ele sempre parecia aborrecido. "Sei disso", disse ele. "Mas não é verdade."

Esperei, mas nada mais saiu dele. "Então, além da óbvia beleza do rio — de que todos nós desfrutamos — o que é que mantém você aqui quase o dia todo?"

"Estou aqui para encontrar paz", respondeu com uma dignidade reservada.

"Mas não somos todos nós que estamos nessa procura?", repliquei, com um toque de cinismo. "De qualquer maneira, como é que o rio pode lhe dar paz? Entendo a paz como uma qualidade interior que se expressa para fora, e não como algo de fora que pode ser atraído para dentro."

"Oh, não! Você está errado!", exclamou ele. "Se eu fico sentado aqui por um tempo suficientemente longo, posso absorver a paz do rio e alimentá-la dentro de mim."

"Como pão absorvendo molho de carne?"

Ele parecia aflito. "A cidade onde eu moro é um lugar maluco. Linhas intermináveis de trânsito barulhento e malcheiroso, e uma correria incessante e estúpida, dia após dia, mês após mês. Este rio é o oposto de tudo o que eu experimento na minha vida diária. Isto *é* paz."

Ele permaneceu quieto por alguns instantes, e eu não disse nada. Senti que já havia dito o suficiente.

"Portanto, apenas absorvo isso", continuou ele, resoluto, "e me sinto em paz." E me dirigiu um olhar desafiador, provocando-me a contradizer a sua lógica ou os seus sentimentos.

"O que acontece quando você volta à cidade?", perguntei. "Por quanto tempo dura a paz que este rio lhe proporciona?"

"Por tanto tempo quanto eu consigo mantê-la junto a mim. Lembro-me do rio por muito tempo depois que o deixo. Mantenho a imagem dele no olho da minha mente e me concentro nela. Desse modo, consigo excluir a cidade."

Percebi tristeza em seus olhos castanho-escuros, e eu sabia, não obstante suas palavras, que sua paz era uma ilusão insatisfatória. "E você pensa que isso é paz interior?", perguntei gentilmente.

"É o melhor que eu posso conseguir", disse ele, com a dignidade de volta à sua voz. "Para você, é suficientemente fácil falar a respeito. Você mora aqui, e não na cidade, em meio a tantas pressões. Você pode absorver tanto quanto queira do rio. Eu o tenho observado. Você nada no rio e medita junto dele. Você não pode me afirmar que isso não lhe traz paz."

Se a paz fosse algo assim tão fácil..., pensei. Mas, por uns momentos, eu nada disse. Eu apenas olhava para o rio deslizando à nossa frente. Senti um súbito impulso de compaixão por aquele homem muito sério que só queria ficar em paz consigo mesmo e com o mundo.

Quando falei, minhas palavras foram bem ponderadas. "Tenho morado nesta comunidade há quase quatro anos. Assim como você, cheguei a acreditar que o rio oferecesse paz, enquanto que a diversidade das pessoas que vivem aqui — de algumas delas eu nem mesmo gosto — provocava muita confusão e discórdia. Naturalmente, também havia clareza e harmonia, e amizade cultivada com um raro grau de cuidado. Não obstante, não tem sido fácil para mim viver aqui. Duvido que seja fácil para qualquer outra pessoa. Além disso, a inevitável interação humana numa comunidade forçou-me a encarar uma verdade — você não pode encontrar a paz fora de si mesmo. Nem nos arco-íris nem nos rios cristalinos.

"Quando você está sentado junto deste rio, você é esmagado pela natureza poderosa do seu ambiente — e você pensa que isso é paz. Não é. Quando você volta para a cidade e é esmagado pela rispidez barulhenta do seu ambiente você pensa que é sua desarmonia. E não é." Fiz uma pausa para dar a ele tempo para digerir o que eu estava dizendo.

"Em qualquer dos casos, você se torna vítima do seu ambiente. Acontece de você estar em harmonia com o fluxo do rio, enquanto que a cidade é estressante. Se fosse outro o ânimo do rio, ele poderia rebentar suas margens e afogar você. Onde estaria então a paz?" Respirei e prossegui. "Aprendi que a paz é encontrada nos lugares mais inesperados. Ou, melhor dizendo, os lugares mais inesperados permitem que você encontre paz dentro de si mesmo. Tenho encontrado mais paz no centro do conflito do que aqui embaixo, à beira deste rio."

Sua expressão de surpresa me fez rir. "É tudo um paradoxo. Se você tivesse de viver numa comunidade de santos, totalmente sem nenhum atrito pessoal ou discórdia, você se veria tentando se igualar aos santos. Mas a paz não seria a sua realidade; seria a sua obra. A obra de paz não é paz. Paz é não necessitar de obra. Na verdade, a paz é não ter necessidades."

Sorri pesaroso. "Eu sei de tudo isso, mas acontece que eu mesmo não tenho muita vivência de paz. Ter paz é ser capaz de viver com equanimidade em meio ao conflito, e não proteger-se dele. Você não acreditaria se eu lhe dissesse quantas vezes me utilizei deste rio para me abrigar do conflito, mas isso nunca me deu paz, apenas espaço para respirar. Por fim, aprendi que viver plenamente na comunidade, ser parte da sua raiva, parte da sua discórdia, parte dos seus confrontos e das suas interações emocionais e mentais do dia-a-dia — e parte do seu amor — fez com que, pouco a pouco, a paz me encontrasse. Enquanto procuro pela paz, ela se esquiva; mas quando vivo plenamente em meio a todo o conflito, então há paz! Isso é um paradoxo?"

Houve um longo e confortável silêncio.

"Gostei da sua honestidade", disse Ben, sinceramente. "É óbvio que aquilo que se aplica à comunidade também se aplica à cidade. Isso não torna a paz mais fácil, mas, pelo menos, eu capto a sua essência. Você está dizendo que, se eu posso encontrar paz na cidade, em vez de uma paz ambientalmente induzida — o que é realmente uma ilusão — encontrarei a minha paz interior." Ele sorriu, maliciosamente. "Ou ela me encontrará."

"Você captou a idéia. Isso é algo com que estou plenamente comprometido. Não posso imaginar propósito melhor na vida."

Enquanto voltávamos juntos para a comunidade, Ben resmungou uma última vez. "Realmente, eu acreditava que o rio pudesse me trazer paz. Agora não tenho nenhuma justificativa para passar lá todo o meu tempo. Pensando sobre isso, não tenho nenhuma desculpa verdadeira para fugir da cidade e do seu tumulto."

"Você pode sempre correr *para* o rio, em vez de fugir *da* cidade. Há uma grande diferença, e a diferença está dentro do sentido que você atribui ao eu. Quando você não estiver mais em conflito com a cidade, não terá mais necessidade de fugir dela. Acredito que a paz interior é a nossa herança natural, e não uma impossibilidade", respondi, expressando uma sabedoria muito maior do que estava sentindo.

11

Pai, querido pai

As pessoas podem desperdiçar em ressentimentos uma quantidade imensa de energia de que têm preciosa necessidade em suas vidas cotidianas. Muitas vezes, o objeto de nosso ressentimento é, na verdade, de grande importância para nós. O ressentimento é o foco cego de emoções muito negativas. É caolho, nada mais vendo a não ser um aspecto isolado, ressentido, de um acontecimento ou de um indivíduo.

No caso de Treenie, o ressentimento estava dirigido para uma pessoa: seu pai. Em suas próprias palavras, eis a sua história:

"Sendo a primogênita de minha família, devo ter sido um desapontamento para o meu pai, pois, como a maioria dos agricultores, ele queria um filho para ajudá-lo em todos os trabalhos pesados. Em vista disso, cresci com uma profunda necessidade subconsciente de aceitação. Para agradá-lo, eu trabalhava muito mais arduamente do que era preciso, e durante muito mais horas. Agradá-lo era uma tarefa suprema na minha vida.

"Embora eu gostasse de ir à escola quando jovem, meu pai, muitas vezes, me mantinha em casa para trabalhar na fazenda. Lembro-me de certa ocasião em que freqüentei a escola somente por duas semanas.

"As observações do meu professor no relatório escolar sobre o meu desempenho refletiam isso: 'Treenie poderia sair-se melhor se freqüentasse a escola regularmente.'

"Meu pai era muito rigoroso, e eu estava sempre procurando migalhas de reconhecimento e de apreciação, mas pouco recebia. Aos quinze anos de idade, quando deixei a escola, disseram-me que eu só era inteligente para trabalhar na fazenda. Posso presumir apenas que esse julgamento estava baseado no relatório escolar. Tratava-se, em definitivo, de uma situação de incapacidade de vencer. E quando o meu pai deixou claro que ele tinha me mantido até então, e que daí em diante eu teria de ganhar o meu sustento, meus sonhos de me tornar enfermeira foram rapidamente por água abaixo.

"A despeito de tudo isso, a única coisa que eu via à minha frente era receber um salário pelo meu trabalho. Posso ainda me lembrar do desapontamento que senti quando completei minha semana de trabalho e não recebi dinheiro algum. Cada semana que se sucedia era a mesma coisa. Eu estava magoava. Meu pai dava-me algum dinheiro quando eu ia fazer compras, mas era muito pouco.

"Sendo ele tão rigoroso, não me deixava ir a bailes ou ao cinema com minhas amigas nos sábados à noite. Isso me machucava. Minha única saída era tocar órgão na Igreja Metodista local três vezes a cada domingo.

"Outros do mandamentos do meu pai era não namorar até que tivesse vinte e um anos de idade. Você pode acreditar numa coisa dessas? No entanto, no verão dos meus dezenove anos, surpreendentemente, ele me deixou passar férias com o Clube da Juventude da igreja. Você pode imaginar o quanto me diverti nessa viagem de duzentas milhas ao norte da Inglaterra num ônibus lotado de adolescentes. Nosso destino era um enorme internato, onde permanecemos por uma semana na gloriosa região rural de Yorkshire, perto do litoral. Até o tempo estava perfeito.

"Na primeira noite, por volta de uma hora da madrugada, quando finalmente nos acomodamos, um barulho estrondoso ecoou ao longo dos corredores. Com uma boa dose de reclamações, dois dos padres de serviço se levantaram para abrir a enorme porta da frente. A maioria de nós ficou rindo baixinho, em bandos, ao longo da sacada, enquanto olhava para dois jovens lá embaixo, no saguão da entrada principal. Um deles voltou o rosto para cima e lançou um olhar para nós, e seus olhos encontraram os meus e neles se fixaram. Era Michael! Aparentemente, seu amigo conseguira persuadi-lo — a despeito da sua antipatia pela 'pieguice carola do Clube da Juventude' — a atuar como navegador e a acompanhá-lo nesses dias de férias. Com um pequeno puxão de orelha por parte de sua mãe, Michael, relutantemente, concordou.

"Na manhã seguinte, todos nós nos reunimos no saguão para ouvir as instruções que deveriam ser obedecidas durante nossa estada. A partir do próximo dia, seríamos escalados em pequenos grupos que se encarregariam, um a cada dia, de lavar as louças e de executar outras pequenas tarefas. Não vi Michael nesse dia, mas fiquei junto do grupo com o qual fizera amizade no ônibus.

"Na manhã de domingo, a lista da semana foi afixada para que todos a vissem. Olhei para ela com curiosidade. Meu nome tinha sido riscado da lista de terça-feira e escrito na de segunda-feira. Sid e Roger, do grupo com o qual eu fizera amizade, sugeriram que alguém estava fazendo uma brincadeira. Eles queriam que eu ficasse com eles, como de fato fora estabelecido na lista original. Mas o meu senso de retidão me levou a aceitá-la como estava.

"Michael e eu nos encontramos nessa manhã, durante a lavagem dos pratos, na enorme pia da cozinha. Somente mais tarde ele confessou que tinha sido ele que havia alterado a lista das tarefas. Ele estava lá quando a lista foi afixada, e como fora recrutado para o serviço de cozinha naquela segunda-feira, ele rapidamente arquitetou esse estratagema para conseguir me conhecer. Eu não sabia se ficava zangada ou me sentia lisonjeada, mas, a essa altura, já era tarde demais — tornamo-nos inseparáveis, e eu sabia que o amava.

"Meu primeiro grande confronto com meu pai ocorreu quando as férias acabaram, e ele me disse que eu não poderia ver Michael novamente. Respondi que eu não somente o veria como também que ele estaria na nossa casa para o chá no domingo seguinte.

"Você acredita que Michael pedalou quarenta milhas numa velha bicicleta Hércules para cumprir o prometido? Quando ele chegou, meu pai, mal-humorado, se trancou no quarto por três horas, recusando-se a conhecê-lo. Quando, finalmente, resolveu aparecer, intimidado e persuadido por minha mãe, dirigiu-se a ele como se Michael fosse um filho perdido há muito tempo. Tenho de admitir que Michael tem realmente um certo charme!

"Continuei trabalhando na fazenda de meu pai até que Michael e eu nos casamos, três anos depois. Nessa época, eu aprendera a me concentrar em qualquer trabalho que fizesse. Por mais desagradável que fosse o serviço, eu não me revoltava contra ele. Aprendi a desfrutar e realmente 'estar com' aquilo que estava fazendo. Aprendi que, se eu me dedicasse de todo o coração, mesmo as tarefas mais banais tornar-se-iam criativas e agradáveis.

"A despeito dessa atitude, meus anos de formação me deixaram com um ressentimento profundamente arraigado em relação a meu pai. Ressentira-me contra ele por me explorar como pessoa. Ressentira-me contra ele por não me pagar pelo meu trabalho, rebaixando desse modo os meus próprios sentimentos de valor próprio. Ressentira-me pelo fato de que ele nunca, nem uma só vez, tivesse apreciado todo o esforço que eu fazia em seu favor — esforço físico que às vezes me deixava fraca e trêmula no fim de um cansativo dia de trabalho. Ressentia-me pelo fato de ele me dizer do que eu *não era* capaz, em vez de me falar sobre o que eu *era capaz*. Eu ainda carregava esse ressentimento comigo quando Michael e eu emigramos para a Austrália alguns anos depois que nos casamos. Há uma ironia no fato de ter sido a indiferença de meu pai para comigo que tornou a emigração uma escolha fácil. E há uma ironia ainda maior no seu sentimento de ter sido magoado, devido ao fato de irmos embora, como se eu tivesse morrido. Tal era a sua incapacidade para lidar com a minha partida.

"Michael e eu nos dedicamos à agricultura na Tasmânia, o Estado-ilha. Certo dia, quando eu estava lavando louça na pia da cozinha e olhando para a nossa bela fazenda lá fora, compreendi que eu estava muito contente com a minha vida, e mais contente ainda com quem eu era. Percebi que eu realmente gostava de mim mesma, como pessoa. Então, meus pensamentos se voltaram para o meu pai, e compreendi que foi ele que me ajudou a fazer de mim a pessoa que eu sou hoje. Não importa quão inadvertidamente, mais do que qualquer outra pessoa, ele me moldou naqueles primeiros anos de vida.

"De súbito, senti por ele uma irresistível gratidão, seguida de um vigoroso e nítido surto de percepção, e de um sentimento de alguma coisa 'entrando nos eixos' bem dentro de mim. Eu me senti exaltada como se tivesse me livrado de um fardo pesado e o tivesse substituído por um sentimento de liberdade. Todo o ressentimento que eu tinha pelo meu pai desapareceu, para nunca mais voltar."

Treenie havia descoberto a mais simples das verdades. Quando olhamos para dentro de nós mesmos, ou quando olhamos retrospectivamente para nossas vidas, sem julgamento, o que uma vez pareceu tão ruim pode agora adquirir um significado totalmente novo. A mágica é — sem julgamento.

12

Postes de sinalização para o destino

Você repara nos postes de sinalização em sua vida? Não me refiro àqueles sinais que se vê ao lado da estrada, mas às mensagens muito mais sutis que enviamos a nós mesmos na vida diária — mensagens destinadas a indicar o caminho para ser, bem como o caminho a seguir. É fácil para nós ignorar esses postes de sinalização porque somos pouco treinados na observação ou no entendimento deles.

Quando Treenie e eu chegamos pela primeira vez na América para promover o meu livro anterior e para realizar seminários, passamos uma semana em Tiburon, na Califórnia, a fim de conhecermos nossos editores, Hal e Linda Kramer. Em resposta ao seu convite, aceitamos uma oferta de permanência por algumas semanas em sua casa de campo em Bolinas, enquanto Treenie organizava nossa excursão iminente. Michael Kramer, filho de Hal, juntamente com sua esposa Stacy e com o pequeno Seph, ofereceram-se para nos levar até Bolinas.

Eu decidira não dirigir enquanto estivesse nos Estados Unidos, pois, entre minha espantosa capacidade para me perder e os trinta e cinco anos que passei dirigindo do lado esquerdo da estrada, concluí que minha decisão era do maior interesse para todos nós.

Durante a viagem, empenhado numa conversa informal, observava o desdobramento do cenário pitoresco. Passamos por Stinson Beach e seguimos a estrada litorânea que circundava a enorme lagoa de água salgada cuja presença marca a aproximação de Bolinas. Pântanos e aves aquáticas aglomeravam-se em grandes grupos multicoloridos, com as cabeças balançando de leve e as asas adejando, nadando na maré baixa ou dando passos largos e altivos, com suas pernas compridas, sobre planícies lamacentas. Para minha surpresa e deleite, uma foca deitou-se sobre o lamacento contorno litorâneo, bem na direção da estrada. Quando passamos perto, ela acenou com uma barbatana, como se nos conhecesse. Não estou, nem por um momento, sugerindo que ela de fato o fez. Provavelmente, estava mudando de posição e aconteceu que passamos por ela bem no momento em que a barbatana se agitou; mas, de qualquer maneira, *foi* uma bela coincidência.

Quando atingimos o cruzamento não-sinalizado onde se faz o desvio para Bolinas, um veado atravessou a estrada, parando à nossa frente e nos obrigando a parar. Por poucos e breves momentos, ele permaneceu indeciso, farejando o ar; depois, alegremente, saltou de volta na direção das árvores.

Um pouco mais tarde, rumamos para Bolinas, e um outro incidente ocorreu. Dois homens estavam lutando, ou, para ser mais preciso, um sujeito grandalhão, gritando histericamente, derrubou com um soco um indivíduo muito menor que ele. Este rastejou a seus pés e se ergueu, mas, sabiamente, não disse nada enquanto o grandalhão gritava acusações contra ele durante os dez minutos seguintes. Depois que compramos alguns artigos necessários, tais como pegajosos bolos de passas e pizza caseira, a agitação teve fim, mas deixou uma impressão singular, um tanto perturbadora, quando prosseguimos a caminha da casa.

Mais tarde, quando Michael e sua família partiram, Treenie e eu nos sentamos para conversar sobre as inusitadas circunstâncias da nossa chegada. Treenie não tinha dúvidas: "A Natureza nos deu boas-vindas, mas a mensagem humana nos diz para ficarmos afastados. Penso que estamos aqui para sermos providos pela Natureza, e não para nos envolvermos com as pessoas."

E realmente foi assim. A vida nos ofereceu um poste de sinalização indicando como devíamos permanecer onde estávamos, e aceitamos esses termos. O espírito da Baía de Bolinas abriu o seu coração a nós, e as poucas pessoas que ingressaram em nossas vidas durante aquelas seis semanas preciosas foram gentis e sensíveis. No entanto, embora fôssemos convidados a participar de várias atividades de grupo e a nos envolver nos eventos em Bolinas, confiamos e seguimos os postes de sinalização da vida.

Aquelas poucas semanas foram suficientes para comprovar a sabedoria da nossa interpretação. Foi um tempo de simplicidade, uma época para ficarmos tranqüilos e para *sentir* o poder da vida. Ignoramos até mesmo o televisor, que permaneceu amuado num total silêncio, inativo e desnecessário.

* * *

Os postes de sinalização em Bolinas poderiam, sem dúvida, ser descritos como sutis, mas houve outros em nossa vida que foram assustadoramente evidentes.

Há muito tempo, quando eu tinha por volta de vinte e cinco anos e meu pai estava sofrendo de câncer em estado terminal, ele compreendeu que era o momento de expressar sua última vontade e fazer o seu testamento. Tenho certeza de que sua geração costumava adiar a formulação de seus testamentos porque esse procedimento lembrava muito de perto a idéia de morte próxima. Qualquer que seja a razão, o ato de fazer o testamento fora regularmente negligenciado nas gerações anteriores da nossa família.

Certa tarde, o advogado da família, que papai conhecia desde os tempos de escola, veio nos visitar. Eles discutiram todos os detalhes do testamento, suprimindo ou modificando detalhes necessários mas constrangedores a fim de torná-los toleráveis. A seguir, o advogado voltou ao seu escritório para passar tudo para o papel, e trazê-lo para papai assinar. No entanto, em vez disso, o advogado, ao chegar no escritório, teve um violento ataque do coração e caiu morto. A notícia de sua morte afligiu papai, e, a essa altura, sua própria deterioração se acelerava; ele era incapaz de reunir forças para a concentração necessária, e o testamento nunca se concretizou.

Dentro de poucas semanas, ele morreu. Papai era fazendeiro, e, tendo trabalhado com ele ao longo dos onze anos anteriores, continuei a dirigir a fazenda, mas as coisas já não eram mais as mesmas. Basta dizer que, no decorrer de uns poucos meses, meu irmão e eu concordamos em vender a fazenda. Ficamos cada qual com a sua parte e seguimos caminhos separados. Treenie e eu íamos construir uma grande e moderna instalação para a criação de porcos num determinado pedaço de terra, e os planos para isso já estavam em andamento enquanto os aspectos legais da propriedade eram minuciosamente discutidos.

Então, meu irmão me telefonou: "Estive fazendo alguns cálculos, Michael", disse ele, "e a situação não parece muito boa. Acho que obteremos metade do dinheiro que esperávamos quando os impostos sobre a herança forem pagos". Umas poucas palavras mais foram ditas mas quase não as escutei. Essa única sentença atirara na lata de lixo um sonho bem alimentado. (Graças a Deus!) Metade do dinheiro que esperávamos era insuficiente para montar a nossa criação de suínos. Somente uma realidade permaneceu, e eu falei a Treenie em voz bem alta quando voltávamos para a sala de estar: "Vamos emigrar!"

A idéia de emigrar fora mencionada poucas vezes, mas nunca foi considerada seriamente. Agora, no entanto, os postes de sinalização estavam ativos, e enviavam uma mensagem clara e arrojada. Nosso futuro não estava numa profissão agrícola na Inglaterra nem na indústria de suínos.

Ironicamente, quando nossos planos para emigrar estavam concluídos, descobrimos que os cálculos de meu irmão e sua chamada telefônica refletiam mais as suas próprias preocupações do que os fatos, e herdamos quase metade a mais do que havíamos calculado. Até hoje, meu irmão não sabe o que o levou a fazer aquela fatal chamada telefônica que se converteu no fator decisivo para os nossos planos.

Todos nós passamos por encruzilhadas em nossas vidas. Todos nós temos de decidir que caminho tomar, e, invariavelmente, todos temos postes de sinalização apontando o caminho para o nosso maior potencial de crescimento interior. Muitas vezes a direção mais assustadora é a indicada, um fator que ajuda a vendar nossos olhos para os sutis postes de sinalização ao longo da nossa jornada.

Naturalmente, algumas vezes os postes de sinalização são inspirações tão óbvias que não podemos perdê-las. Depois de fazermos uma visita às nossas famílias, Treenie e eu voamos da Grã-Bretanha para os Estados Unidos. Estávamos ainda ganhando altura, com cachos de nuvens suspensos ao redor da aeronave, quando Treenie chamou a minha atenção para a janela. Lá, no mais glorioso dos *technicolors*, uma sombra do DC-10 se imprimira sobre uma nuvem branca, totalmente circundada por um duplo arco-íris. O arco-íris pairava pouco além da ponta da asa, e a sombra do avião ficou reduzida a cerca de dois metros de comprimento, enquanto o espectro colorido parecia envolvê-la num casulo de promessas — outro poste de sinalização. Fantasioso? Não pensamos assim. Era a nossa primeira visita à América, e tínhamos esperado alguns anos pelo tempo certo. O arco-íris confirmou que esse tempo tinha chegado, e a sombra do avião no arco-íris indicava que nossas viagens seriam abençoadas. E realmente o foram. Os arco-íris sempre foram significativos na vida de Treenie e na minha, concedendo, invariavelmente, bênçãos e confirmações.

Como é fácil descartar os arco-íris de nossas vidas como meras coincidências, caprichos do acaso e da Natureza. Não vejo a vida em termos de acontecimentos do acaso, nem vejo a Natureza como separada de mim. Se o fizesse, este livro não teria sido escrito, pois a essência da minha mensagem é que a nossa simplicidade vê a vida sem duplicidade. Nossa simplicidade toca a essência da vida, revelando em suas mensagens ocultas a conexão de todas as coisas. Reconhecer os postes de sinalização ajuda a desenvolver a nossa percepção, o nosso poder interior.

13

Uma borboleta em apuros

Sou um amante da Natureza. Não quero dizer com isso que extravaso uma torrente de emoção diante de cada pássaro ou de cada flor, ou que tenho um desejo fanático de acampar a qualquer oportunidade. Quero dizer, simplesmente, que, embora tenha grande apreço pela natureza física, também me relaciono com aquilo a que eu chamo de "o espírito da Natureza". Minhas experiências com a Natureza indicam que, além da forma, há o sem-forma. É o mistério dessa energia espiritual intangível, metafísica e, não obstante, inteiramente natural, que evoca a resposta mais intensa dentro de mim.

Não tenho dúvida de que nós, seres humanos, subestimamos de modo assustador a inteligência da Natureza. Nossa arrogância chegou ao ponto de presumir que a inteligência é a suprema recompensa humana, e, por isso, nos relacionamos com a Natureza de uma maneira limitada. Em sua maioria, as pessoas se contentam em permanecer como espectadores da Natureza; quanto a mim, tento participar espiritualmente, fundindo nela a minha consciência. O que há de belo nisso é que ela me abre para o milagroso — onde o poder e a simplicidade se combinam.

A maior parte deste livro foi escrita em Queensland, Oz, mas enquanto viajava pela América continuei a observar e a registrar os incidentes simples do dia-a-dia que tanto me intrigam.

Fiz isso durante algumas gloriosas semanas de primavera, quando Treenie e eu ficamos hospedados na casa de campo de nossos editores, em Bolinas, um lugar tão notável pela sua beleza que os moradores locais se recusam a colocar quaisquer sinais na estrada para assinalar-lhe a existência. Tão rapidamente quanto um poste de sinalização era levantado, invasores o removiam na calada da noite. Uma vez que a minúscula cidade fica a menos de uma hora de San Francisco, os moradores locais também combatiam quaisquer ameaças de construção de edifícios. Tendo visto a destruição ambiental que o progresso provoca, eu não os culpo.

Todas as manhãs, enquanto estivemos lá, Treenie e eu caminhávamos durante os poucos minutos que nos separavam de um ponto de visão perfeito, onde havia um banco. Desse ponto, situado num pequeno planalto escarpado, pode-se ver toda a região. Diretamente oposta, a Stinson Beach estende-se como um estreito cachecol dourado serpenteando ao longo da baía, seu frágil lado oceânico fustigado com incessante vigor pelo Pacífico. Dividida em duas por uma única estrada que serve a um par de fileiras de robustas casas de madeira, e alguns pinheiros resistentes ao sal, sua outra linha litorânea, mais bem protegida, margeia uma grande lagoa tranqüila onde vivem as focas. Quando varrida pela maré, a lagoa é inundada; quando a maré reflui, seus enormes baixios ficam expostos.

Do nosso ponto de observação, estávamos a algumas centenas de metros acima do espaço vazio entre Stinson Beach e Bolinas, uma área onde o fluxo de maré criou um canal profundo e estreito entre o mar aberto e a lagoa. Meu passatempo favorito era ficar sentado durante horas observando as focas nadarem de um lado para o outro ao longo do canal. Elas nadavam com preguiçosa graça, indolentes em cada gesto, pescando e flutuando na corrente revigorante. A população de focas tinha por volta de cinqüenta animais, e, a despeito das muitas horas que passavam aquecendo-se ao sol numa ribanceira lamacenta, em geral eu podia contar apenas algumas em atividade.

Certa manhã, quando cheguei ao nosso lugar costumeiro, notei uma gata branca de pêlo longo a cerca de cem metros de onde eu me encontrava. Sentando-me, enquanto também me estendia num nível inferior, chamei: "Bichana, bichana, vem cá." Eu estava completamente despreparado para o que aconteceria a seguir. A gata tinha estado me observando com a indiferença de que somente um gato é capaz, quando, de súbito, correu em direção a mim através da grama alta, e transpôs, num salto, os últimos quinze metros para aterrissar, em meio a uma confusão de pêlos e de garras, bem no meu colo.

Fiquei aturdido. Imediatamente, ela levantou suas grandes patas e as colocou uma de cada lado do meu pescoço, gentilmente espichou as patas longe o bastante para agarrar meu colarinho e puxou minha cabeça para baixo a fim de olhar fixamente nos meus olhos. Encarou-me de modo esquisito. Devolvi-lhe o olhar, com um pouco de espanto. Esse foi o comportamento mais fora dos padrões felinos que eu já presenciara num gato. Imaginem só, encantado por uma estranha gata branca! Fomos ambos abençoados! Ela me segurou com suas patas e seus olhos por vários minutos, e depois se enrolou no meu colo ronronando, deixando-me acariciá-la alegremente.

Mais tarde, quando me levantei para ir embora, a gata, de propósito, voltou as costas para mim. Enquanto me afastava, olhei para trás mais uma vez, e nesse mesmo instante ela virou a cabeça e me encarou. No silêncio que se fez entre nós, as palavras dela entraram em minha mente com a máxima clareza: *Gostei disso*. Então, foi embora, descartando-me de um jeito tipicamente felino.

Uma conexão nesse nível proporciona muito mais que um mero desfrute físico, e, não obstante, tudo o que ela requer de nós é que estejamos abertos ao movimento interior e sutil da vida.

* * *

Quando voltamos para Oz, alguns anos atrás, Treenie, eu e dois amigos passeávamos numa floresta tropical, não muito longe de onde morávamos. Mais tarde, nossos amigos, Graham e Helen, nos convidaram para tomar refresco em sua casa. À medida que descíamos de carro pela estrada estreita e tortuosa, seguindo o carro deles, e aprofundando-nos no vale subtropical, a exuberância verde parecia pouco a pouco fechar-se sobre nós. Limões e goiabas silvestres pendiam sobre a estrada, entremeados por densas moitas de lantanas florescentes, todos competindo com as plantações compactas de algodoeiros que pareciam decididos a subir sobre todas as coisas.

Dirigíamos lentamente, quando algumas grandes borboletas monarca, com nervuras negras nas assas douradas, voaram em direção à estrada. Mesmo diminuindo a marcha ainda mais, uma delas bateu contra o pára-brisa e ficou presa nele por um momento. Liguei e desliguei os limpadores de pára-brisa para espantá-la e não pensei mais nisso.

Chegando ao nosso destino, estacionei o carro a alguns metros da casa de Graham e Helen. Vinte minutos depois, Treenie e eu estávamos sentados em seu terraço para tomar um banho de sol bebericando limonada gelada e profundamente envolvidos numa conversa. Eu estava totalmente mergulhado no que Graham estava dizendo, quando, de súbito, como um toque gelado no âmago de minha mente, surgiu uma única palavra: *Socorro!*

Sem pestanejar, levantei-me de um salto e corri para o automóvel. Lá estava a borboleta, agitando uma das asas, presa por uma antena debaixo do limpador do pára-brisa. Com grande cuidado, levantei a haste do limpador e a borboleta voou livremente.

Enquanto permanecia observando, magnetizado, ela adejou em volta da minha cabeça e do meu rosto por cerca de um minuto, antes de levantar vôo com a brisa e voar para longe. Este foi um dos momentos mais impressionantes da minha vida.

Suspeito que quase todas as pessoas já se envolveram com alguma criatura viva de uma maneira que as deixou mais ricas com a experiência. Isso costuma ocorrer, em particular, com as crianças.

Nosso filho mais novo, Russell, tinha quase onze anos de idade quando ele, Treenie, nossa filha Tracy e eu visitamos a Fundação Findhorn na Escócia. Na época, estávamos hospedados em Cluny House, e eu tinha sido convidado para fazer uma palestra, à noite, sobre o Espírito da Natureza, em Drumduan House, a alguns quilômetros dali. Dirigimos, nessa tarde, ao longo de um estrada tortuosa que atravessava uma densa floresta de pinheiros, passando frente a cabanas confortavelmente aninhadas sob protetores aglomerados de árvores, rumo ao nosso destino.

Russ e Tracy tinham planejado ficar no local, durante a noite, até que a minha palestra terminasse, e depois voltar conosco, mas Russ entediou-se rapidamente e decidiu, logo que começou a anoitecer, voltar para Cluny House. Um morador disse-nos que havia um aceiro através da floresta para Cluny — um atalho — e mostrou a Russ onde ficava esse atalho. Hesitei em deixá-lo ir sozinho, pois a noite já estava se adensando. Mas Russ estava decidido, e eu consenti.

Foi no dia seguinte que ele partilhou conosco sua experiência. Ele começara a caminhar ao longo da larga trilha, mas, à medida que a escuridão da noite florestal tornou-se mais espessa e mais assustadora, decidiu correr. Enquanto, nervosamente, aumentava sua velocidade, desejando com fervor não estar sozinho, um veado saltou por entre as árvores, do outro lado da trilha, e correu lado a lado com ele, mantendo o mesmo passo que o dele. Para seu grande prazer e espanto, o veado permaneceu com ele durante toda a caminhada, só retornando à floresta, onde sumiu mansamente, quando Russ alcançou os jardins de Cluny House.

O mais lindo aspecto desse incidente é que Russ se sentiu protegido e sob cuidados, e esse fato o deixou aberto à maravilha da vida e ao sentimento de reverência sagrada para com ela. Que dádiva!

14

Uma história com uma ferroada

Deixe-me contar-lhes a história dos vespões que decidiram fazer do caixilho da nossa janela da frente o seu novo lar. Eram negros, delgados, do tamanho de uma abelha. Não eram hostis, e seus primeiros ninhos, achatados e semelhantes a um cogumelo, feitos de algo que parecia papel mastigado, ficavam pouco visíveis pendurados no alto da janela.

Telas de proteção contra moscas, instaladas nas janelas, impediam que as vespas nos importunassem voando para dentro da casa e, portanto, uma de suas temporadas de reprodução passou quase despercebida. Mas, bem na segunda estação, o caixilho da janela já estava ficando espesso com seus ninhos, alguns deles sobrepondo-se à vidraça. O caixilho ficou cheio, e as vespas, alegremente, espalhavam-se pela parede, aumentando em número num passo constante. Embora já próximas da parte da frente, retribuíram, em boa medida, a nossa tolerância para com elas, pois, a despeito do tráfego aéreo desimpedido, nenhum membro da nossa família foi picado.

Eu gostava muito de observá-las; eram incessantemente ativas, construindo continuamente ninhos e cuidando dos filhotes. Como as abelhas, quando a temperatura subia muito para os seus ninhos, elas aderiam às cavidades hexagonais e afugentavam o calor com asas tão rápidas que pareciam um borrão. Foi então que aprendi algo surpreendente — elas caçavam. Deferentemente das abelhas, não procuravam o néctar; caçavam outros insetos como verdadeiros predadores. E observei algo mais. Era normal que, durante os verões, fôssemos perturbados pelos costumeiros enxames de minúsculas moscas, pois a nossa casa era circundada por pastagens verdes e gado para engorda — mas, naquela estação, mal percebíamos as moscas.

Com impiedosa eficiência, as vespas as apanhavam e as picavam, paralisando-as e encerrando-as em suas colmeias como alimento vivo para as larvas em crescimento. Somente então eu compreendi que, conscientemente ou não, tínhamos desenvolvido um relacionamento simbiótico com as vespas. Em suma, o mais aceitável dos toma-lá-dá-cá.

Durante a próxima estação, o relacionamento continuou harmonioso, mas, no ano seguinte, Lance Rose, nosso proprietário, decidiu que estava na hora de pintar o exterior da casa. Ofereci minha ajuda. Lance sabia que eu dava um apoio ativo às vespas e, portanto, num acordo não verbalizado, pintamos e demos o acabamento em, praticamente, toda a casa, até que sobrou apenas uma pequena parede com duas janelas intactas — e uma porção de vespas!

Lance pigarreou: "E agora, o que vamos fazer com as vespas? Devo enxotá-las ou o quê?"

Sorri, arreganhando os dentes. Lance e eu nos dávamos muito bem. Ele era ex-madeireiro e agricultor, e tinha uma rara receptividade para com a Natureza — certamente mais do que a maioria dos seus semelhantes. Ele tolerara minha idiossincrasia com relação aos insetos com um bom humor bem disfarçado. Cônscio disso, descrevi minha estratégia:

"Obviamente, vamos limpar a parede e o caixilho da janela antes de pintá-las", respondi, "mas eu não quero destruir as vespas. Meu plano é pintar um pedaço de tábua com a mesma cor das paredes. Quando estiver seca, transferirei para ela o maior número possível de ninhos, e a pendurarei debaixo das árvores de mirto até que tenhamos terminado o restante da pintura. Depois, fixarei a tábua acima da janela, de modo que combine com a parede, e as vespas poderão continuar a morar sobre ela. Naturalmente, vou precisar fazer um acordo com as vespas; elas deverão consentir em permanecer na tábua e não fazer, novamente, construções no caixilho da janela ou na parede." Olhei para Lance dentro dos olhos, esperando alguma gozação moderada.

"Hmmmm", murmurou ele, "e como você pretende fixar os ninhos na tábua?"

Sorri para ele. "Ainda não consegui imaginar uma maneira."

Seus olhos brilharam com uma faísca de brincadeira em tom solene enquanto ponderava sobre o problema. "Por que você não martela uma porção de pregos numa parte da tábua? Tudo o que você terá de fazer então é calçar um ninho em cada prego e ele ficará no lugar."

Essa parecia a melhor solução; portanto, pintei a tábua e, quando secou, fixei os pregos. Mais tarde, nessa noite, fiz a minha proposta às vespas. Embora eu não possa dizer que elas zumbiram com entusiasmo, o fato é que não tinham outra escolha. De algum modo, também recebi a mensagem clara de que elas não se mudariam até as quatro horas do entardecer seguinte, quando haveria mais frescor e sombras sobre os ninhos.

Embora o meu trato com as vespas incluísse uma cláusula de "não-picar", minha um tanto abespinhada falta de fé compeliu-me a tomar algumas pequenas precauções. Pedi emprestada uma rede contra abelhas para proteger o rosto e algumas luvas delgadas para minhas mãos, e no tempo estipulado subi por uma escada curta até os ninhos.

Cada ninho pequeno, semelhante a uma taça, estava preso ao caixilho da janela por uma coluna cuja textura lembrava papel, de dois centímetros de comprimento. Eu os apanhei rapidamente um por um e os apertei sobre os pregos. Por alguns momentos, as vespas ficaram loucas, levantando-se numa nuvem de zumbidos e de raiva ao meu redor. Depois de me aplicar uma agulhada ardente no maxilar, como que para provar a ineficiência de minha defesa, elas, de súbito, ficaram calmas e dóceis. Foi notável.

Trabalhei rapidamente, retirando todos os ninhos da janela e um bom número da parede. Quando a tábua ficou cheia, eu a desci pela escada e pendurei-a debaixo da árvore, distante somente alguns metros dali. Depois, esguichei água na parede com uma mangueira, destruindo todos os ninhos restantes, lavei-a e preparei-a para ser pintada no dia seguinte.

De manhã, Lance e eu terminamos o trabalho. Eu levei de volta os ninhos de vespas em sua tábua para o seu novo local na sombra logo acima do caixilho da janela, com a qual eu esperava que houvesse um claro entendimento. Em alguns dias, reforcei a proteção dos ninhos com apoios extras e a vida das vespas prosseguiu normalmente.

As vespas viviam exclusivamente sobre a tábua, mantendo o acordo até o ano seguinte, quando algumas delas, retardatárias da última estação, estabeleceram alguns ninhos bem debaixo da calha. Deixei-as em paz — além disso, eu lhes dissera para não fazer ninhos na parede nem no caixilho da janela; elas devem ter ponderado que a placa horizontal sob a calha era jogo limpo.

Foi somente depois de várias estações de vida das vespas que eu realmente me conectei com sua energia etérea. Quando fiz o nosso acordo e as mudei para seu novo local, eu tinha sentido pouco contato real com elas — exceto, é claro, pela picada no meu maxilar!

Agora, sinto claramente o espírito da Natureza na consciência das vespas à medida que recebo com facilidade um fluxo silencioso de comunicação:

Você pode aprender muito compreendendo as vespas, elas me disseram. *Tome como exemplo a picada no seu maxilar. Quando uma vespa ataca um humano, ela o faz com um único propósito — defender-se protegendo o enxame. Os humanos, no entanto, defendem-se atacando outras pessoas. De maneira semelhante, a vespa acumula para si acumulando para o enxame. Os humanos acumulam para si tirando das outras pessoas.*

As vespas prosperam vivendo em harmonia com a Natureza, enquanto que a humanidade se empobrece trabalhando contra a Natureza. A vespa se conhece, não como entidade individual, mas como parte da consciência do enxame. A humanidade se conhece somente como entidade individual, inconsciente da consciência humana Una.

A vida revela que dentro do espírito da Natureza há uma grande sabedoria. Simples — porém profunda.

15

As senhoras o possuem

Compreendo que é remota a possibilidade de você acreditar que o espírito da Natureza possa comunicar-se conosco. Asseguro-lhe que ele pode e o faz. Quando Treenie e eu morávamos na Tasmânia, fiquei bastante conhecido como jardineiro orgânico. Um jardineiro orgânico cultiva plantas em harmonia com a Natureza, fertilizando o solo com produtos naturais. Isso está em total contraste com a prática danosa de estimular diretamente o crescimento das plantas com substâncias químicas produzidas em fábricas.

Durante quase um ano, na qualidade de jardineiro orgânico, fui um convidado habitual da rádio 7LA, um programa de entrevistas apresentado por Jane Stark, no qual eu falava sobre jardinagem orgânica. Divertíamo-nos muito, e o programa desencadeou uma tremenda resposta local. Muitas vezes, eu tocava na controversa questão de conversar com as plantas. É algo em que eu acredito; no final das contas, é provável que uma esplêndida árvore fale em humanês assim como um gato ou como um cachorro.

Nunca deixei de me surpreender com o número de pessoas que, sentindo-se seguras em seu anonimato, nos telefonavam para falar sobre suas experiências pessoais nessa área. Suas técnicas eram fascinantemente diversificadas e, às vezes, hilariantes. Embora eu não tivesse provas de que qualquer desses relatos fosse verdadeiro, eu acreditava neles. As pessoas que nos ligavam tinham um certo toque de credibilidade, e minhas experiências forneciam ampla validação às suas.

Seria estranho o fato de que, com uma única exceção, todos os incidentes descritos envolviam mulheres e eram contados por mulheres?

Enquanto organizador e conferencista de seminários internacionais, tenho observado que as mulheres, em definitivo, excedem em número os homens quando se trata de ter uma mente aberta. Em geral, elas são mais receptivas, mais perceptivas e muito mais intuitivas, e confiam na sua intuição. Lamento, rapazes!

Uma das pessoas que nos telefonaram descreveu uma bela *miller's dust* rastejante que crescia de lado ao longo do caminho até a porta da frente da sua casa. Infelizmente, em seu entusiasmo, a planta cresceu também sobre o próprio caminho, invadindo-o de ambos os lados e reduzindo gradualmente a área segura para caminhar. Uma vez que a senhora e seu marido eram um tanto idosos, isso tornava o caminho perigoso para eles. Ela a cortava regularmente, uma tarefa pesada em vista de sua idade. Numa certa tarde, com as costas doendo, ela decidiu dar um basta definitivo. "Está bem, seu incômodo vegetal", disse ela, "é isso aí. Já o suportei o bastante. Se você invadir novamente o meu caminho, não importa o quanto eu o ame, cavarei cada pedacinho de chão onde você se enterra, até não sobrar mais nada de você, e atirarei tudo na lata de lixo, bem no meio das imundícies."

Isso havia sido há três anos, ela nos contou, e a planta nunca mais voltou a crescer por cima do caminho. Tornou-se uma pragazinha em meio ao gramado, mas, como ela disse, "O cortador de grama lida facilmente com isso".

Outra pessoa nos telefonou contando a respeito de uma hera robusta com magníficas folhas matizadas que crescia num grande recipiente em seu banheiro. Seu grande vício de todos os dias era mergulhar na banheira durante meia hora logo depois que os garotos saíam para a escola. "Só então eu ficava pronta para encarar o dia", ela nos contou. "Enquanto estou deitada na banheira, converso com a hera, e digo a ela como está bonita, e o quanto eu a amo.

"Um dia, decidi verificar se poderia persuadir a hera a rastejar ao redor do banheiro, seguindo a linha onde as paredes encontram o teto. Desse modo, todas as manhãs eu dizia à hera o que eu queria, e para minha surpresa ela fez o que eu pedi. Cresceu afastando-se da luz da janela, e, durante os dezoito meses seguintes, rastejou ao redor do banheiro. Sua aparência é fantástica, e agora ela já está na sua segunda volta!"

Ela deve ter sido uma dama muito persuasiva para fazer com que a hera crescesse afastando-se da luz natural.

O homem solitário que telefonou tinha uma pergunta para mim: "Como posso fazer dar flores numa árvore que nunca o fez?", perguntou ele.

"Que idade tem a árvore?", perguntei-lhe.

"Oh, eu não sei. Cerca de doze anos, talvez."

"Que espécie de árvore é?"

"Não tenho a menor idéia."

Continuamos numa rotina de perguntas e respostas que não rendeu absolutamente nada de esclarecedor. Então, tive uma idéia: "Você gosta da árvore?", perguntei.

"Não! Não consigo suportar essa maldita coisa!"

"E por quê?"

"Bem, por um lado, minha sogra a deu para nós, e por outro, ela nunca produz flores."

Voltamos ao ponto de partida! "Sua mulher gosta da árvore? Ou os seus garotos?"

"Não. Ninguém gosta dela. Como lhe disse, a maldita árvore nunca deu flores."

"Como você se sentiria se ninguém gostasse de você", perguntei-lhe. "Você acha que seria capaz de prosperar e de produzir flores?"

Silêncio.

"Você ainda está na linha?", perguntei.

"Sim, estou aqui. Essa é uma pergunta bem estúpida. Eu não sou uma árvore. Eu tenho sentimentos."

"As plantas também, e isso tem sido demonstrado em experiências de laboratório. De qualquer maneira, você telefonou pedindo o meu conselho. Sugiro que dê uma boa olhada para essa árvore e veja se pode encontrar nela alguns aspectos redimíveis que lhe permitirão se sentir bem a respeito dela. Tente dizer à árvore como a sua aparência está boa e que você está contente por tê-la no seu jardim."

"Mas eu não estou contente. Deveria tê-la cortado há anos, mas a mãe da minha mulher me mataria se o fizesse."

"Você não tem nada a perder tentando fazer o que estou sugerindo. Você pode até mesmo ter uma surpresa."

"Sim! Surpresa seria a maldita palavra." Com este comentário grosseiro, ele desligou.

Cinco meses depois, ele telefonou de novo. Reconheci sua voz imediatamente. "Bom-dia. Lembra-se de mim? Sou o sujeito que telefonou sobre a árvore que não dava flores."

"Sim, eu me lembro."

"Bem, meu chapa, estou lhe dizendo que aquela árvore está agora cheia de flor. Está maldita de bonita. Quero dizer obrigado."

Foi a minha vez de ficar surpreso. "Pensei que você odiasse a árvore."

"Sim, eu a odiava. Quando você me pediu para tentar gostar dela, pensei que você fosse um maldito simplório. Mas minha mulher ouviu a sua sugestão e pensou que devíamos tentar. Demos uma boa olhada para a árvore e eu disse a minha mulher que a árvore parecia um cavalo de corrida — Ha, ha! Ela achou que as folhas eram bonitas, e que nós dois gostávamos da sombra que ela nos dava. Então, eu disse à árvore que, no final das contas, ela não era tão ruim assim. É a verdade — a árvore pareceu endireitar-se quase que imediatamente. E agora ela está danada de bonita!"

Provavelmente, de todas as histórias que ouvi, a minha favorita foi a de uma mulher que me telefonou identificando-se como "uma pequena senhora idosa que adora árvores". Dentre as muitas árvores do seu jardim, havia uma magnífica macieira. Durante anos, ela não produzira uma única maçã.

"A cada ano, eu esperava ansiosamente enquanto ela florescia, sufocada numa profusão de flores róseas e brancas, mas nunca apareceu nela uma única maçã", nos contou. "No ano passado, fui até o barracão e apanhei o machado do meu falecido marido. Levei-o, passando pela cobertura de grama, até a macieira, justamente quando ela estava em pleno florescimento. Mostrei o machado à árvore e lhe disse: 'Posso ser pequena e velha, mas, se você não produzir nenhuma maçã este ano, eu a derrubarei mesmo que demore um mês para fazê-lo!'"

Do outro lado da linha, irrompemos em gargalhadas.

"Não ria", disse ela com pronúncia afetada. "Colhi tantas maçãs da árvore na última estação que mal sabia o que fazer com elas. E ainda mais, disse à árvore que as mesmas regras aplicavam-se a esta estação. E ela já está carregada de novo!" E a mulher disse essas palavras finais num tom de triunfo.

* * *

Durante a época em que morei na comunidade Homeland, Yvonne, outro de seus membros, perguntou-me se eu poderia desenhar o *layout* de um jardim e ajudá-la a plantar alguns arbustos em torno de sua nova casa. Poucas semanas depois, fizemos as plantações, baseando nosso desenho no símbolo universal yin/yang para o negativo/positivo, ou feminino/masculino: ☯.

Isso provou ser realmente educativo para mim.

Desde o começo, estava bastante claro, tanto para Yvonne como para mim, qual seria o setor yin do jardim e qual seria o yang. O yin era o mais afastado da janela de seu dormitório, e o yang era o mais próximo. Ao redor do setor yin, plantamos arbustos altos e vigorosos, de flores brancas, enquanto que ao redor do perímetro yang plantamos arbustos de flores vermelhas igualmente vigorosos. No interior do círculo, plantamos espécies nativas de baixo crescimento, usando as *mesmas* variedades tanto nas seções yin como nas yang.

Todo o meu desenho baseava-se na realização do equilíbrio universal entre o yin e o yang. Mas o resultado seria uma tremenda surpresa.

Desde o primeiro dia, o setor yang vicejou, com todos os arbustos crescendo da maneira desejada. A metade yin foi uma calamidade. Sem exceção, os arbustos murcharam e definharam, lutando para sobreviver, enquanto uma planta idêntica, da mesma espécie, crescia prolificamente apenas a uns poucos passos de distância no setor yang.

Não havia nenhuma razão lógica para isso, e, no entanto, a resposta era bastante simples. Esse era o jardim de Yvonne e recebia o seu foco de atenção e a sua energia, enquanto ela o vigiava e cuidava dele. Além disso, naqueles dias, a auto-expressão de Yvonne era intensamente yang. Ao longo dos anos, ela se tornou mais equilibrada, e a plantação de arbustos refletiu fielmente esse fato. A seção yin cresceu com vigor intensificado e com saúde muito maior.

Observar e compreender esses fenômenos não exigiram muito trabalho mental. Bastou para isso estar aberto para o inter-relacionamento da vida. Nós não só influenciamos uns aos outros, mas também *toda* a vida.

Seguindo essa linha de especulação, você será capaz de começar a imaginar as implicações desse reconhecimento para a agricultura e para a consciência das nações numa escala global?

16

Um ato de coragem

Eu estava deitado no chão, com a cabeça confortavelmente aninhada sobre os braços, contemplando o céu claro. Dez mil passos acima de mim, um pequeno avião seguia sua invisível rota de vôo.

"Eles estão fora!", gritou uma voz distante.

Olhando de esguelha para a claridade, observei algumas pequenas manchas que cresciam rapidamente à medida que se arremessavam com violência através do ar numa trajetória rápida para baixo. Uma delas era o meu filho Adrian.

Refleti sobre a minha falta de preocupação. Inquestionavelmente, eu preferiria que ele não praticasse um *hobby* tão precário como o de mergulhar no céu, mas não estava preocupado com ele. Eu gostava do sentimento de liberdade que o seu ato me proporcionava. Observando-o preparar-se para o salto, notando seu cuidadoso trabalho de dobrar o pára-quedas *high-tech*, vendo o pequeno pára-quedas sobressalente e sabendo que, debaixo de todas as brincadeiras e palhaçadas superficiais que ele e seus companheiros faziam enquanto se aprontavam, havia toda uma grande dose de treinamento e de preparação, e foi isso que me ajudou a aceitar o seu *hobby*.

Deitado de costas, admirando a maneira como a repentina abertura do seu pára-quedas parecia arrebatá-lo de volta momentaneamente, pensei em sua coragem. Agora, depois de mais de quinhentos saltos, suspeito que isso se tornou rotina para ele, mas a primeira vez ele deve certamente ter questionado sua sanidade mental e seus motivos; e ele deve, certamente, ter suportado o aterrador pensamento, *e se o pára-quedas*... Mas, de qualquer maneira, ele saltou. Isso exige coragem.

Enquanto eu o observava aterrissar suavemente, o pára-quedas formando grandes ondas ao redor dele, percebi que a coragem chega de muitas diferentes maneiras. Pensei em Molly. Deixe-me falar a respeito dela.

Treenie e eu a conhecemos em Melbourne, Oz, onde eu iria fazer algumas palestras e seminários. Era um dia de inverno, frio e tempestuoso quando nos juntamos a Peter e Denise, ambos organizadores de meus seminários, para um chá acompanhado de bolos numa pequena casa de chá em Albert Park. Depois, como costuma acontecer com a maioria das pessoas com as quais me misturo, permanecemos por um momento no pavimento exterior da loja compartilhando abraços, quando uma mulher idosa que passava parou, deixando uma exclamação involuntária irromper de seus lábios: "Oh, como eu adoraria um abraço!" Mesmo quando ainda estava falando isso, pareceu espantada ao ouvir suas próprias palavras.

Treenie imediatamente separou-se de nós, caminhou na direção da desconhecida e abraçou-a calorosamente. Reparei que um ar de extremo embaraço envolveu o rosto da mulher, para logo ser substituído por uma expressão de intensa alegria.

"Meu Deus, não sei o que aconteceu comigo! Oh, querida! Nunca falei com ninguém nas ruas. O que eu fiz?" Ela estava nervosa, agitada e trêmula, mas era óbvio que ela suplicava por afeição, que realmente necessitava de amor.

Quando Treenie se separou dela, eu lhe dei um grande abraço. Ela parecia a própria tensão, que se derretia à medida que relaxava. "Oh, Deus, eu não recebo um abraço como esse há mais de dez anos. Eu estava mesmo precisando ser abraçada", sussurrou, com lágrimas nos olhos.

Peter e Denise também a abraçaram, enquanto a pobre mulher tentava se desculpar por ser tão rude a ponto de pedir um abraço. "Não sei o que aconteceu comigo", disse ela repetidas vezes, com o rosto expressando sua agitação.

Numa torrente nervosa de palavras, ela nos disse que seu nome era Molly e que ela sofria de agorafobia. Ela precisou de dez minutos para se armar da coragem necessária para sair do seu apartamento. O simples fato de descer à rua era para ela uma verdadeira provação. Estava a caminho da cabeleireira, e precisaria de cerca de vinte minutos para adquirir a coragem de abrir a porta e entrar. Para ela, falar conosco a respeito de um abraço representou um incrível afastamento da sua atitude normal, precipitando-se inquieta ao longo das ruas.

Com repentina inspiração, Treenie disse: "O que a senhora precisa é vir escutar Michael falar no auditório da prefeitura amanhã à noite."

"Oh, não! Oh, certamente eu não vou poder", disse Moly, ofegante.

"Deixe-me facilitar-lhe as coisas", interrompeu Peter. "Se a senhora quiser vir, eu mandarei um táxi apanhá-la e cuidaremos para que a senhora seja conduzida até sua casa depois, bem na frente da sua porta e sem ter nenhuma despesa. Será a nossa hóspede especial." Com isso, ele e Denise nos deixaram para atender a um outro compromisso.

"Oh, queridos, como vocês são gentis. Mas, possivelmente, eu não poderia aceitar isso", disse Molly. "Oh, queridos —", e ela parou, tremendo de ansiedade.

Ternamente, Treenie tranqüilizou-a.

"Por que vocês são tão bondosos?", perguntou Molly. "Não estou acostumada a receber tanto amor de pessoas estranhas. A maioria delas não se importa, ou não tem tempo."

"Nós nos importamos", disse Treenie firmemente. "Nós temos tempo."

"Você sabe, é a coisa mais estranha", disse Molly a seguir, ganhando confiança, "duas semanas atrás, eu estava tomando chá com minha nora, e uma amiga dela chegou para uma consulta. Supõe-se que ela seja perita em ler folhas de chá. Ela olhou para dentro da minha xícara e disse-me que muito em breve eu conheceria uma dama e um cavalheiro que mudariam a minha vida."

Ela olhou para nós com os olhos bem abertos. "Vocês sabem: eu acho que vocês são a dama e o cavalheiro."

Ela prosseguiu, dizendo que seu marido morrera há onze anos. Molly tinha vivido totalmente para ele. Estivera tão ligada a ele, na sua identidade, que quando ele morreu nada sobrou de si mesma ou para si mesma. Ela se despedaçou. Teve de receber sedativos e foi hospitalizada; sua saúde mental ficou ameaçada. Foi quando a agorafobia começou. Desde essa época ela se estabilizou até certo grau, mas a solidão e o medo esmagadores nunca a abandonaram. Viver era para ela um teste de resistência diário.

"Ouvir Michael é exatamente o que a senhora precisa", disse Treenie em tom de bajulação. "Suas folhas de chá falaram de nós mudando a sua vida, mas a senhora tem de ajudar isso a acontecer."

"Penso que, possivelmente, eu não conseguiria entrar num táxi. Precisaria de um dia inteiro apenas para ganhar coragem", disse. Por um momento, ela pareceu pensativa. "A respeito de que você disse que Michael falará?"

Olhei bem dentro de seus olhos: "Do amor."

"Oh, queridos! Se há uma coisa sobre a qual preciso ouvir e aprender é sobre o amor. Sei que não gosto nem de mim mesma, e eu nunca penso sobre o amor. Oh, queridos." Sua voz estava ansiosa e lágrimas voltaram-lhe aos olhos.

"Temos de ir agora", disse-lhe Treenie. "Amanhã à noite um táxi irá buscá-la, e eu a estarei esperando do lado de fora da entrada da prefeitura. Prometo-lhe que segurarei sua mão e cuidarei da senhora a cada momento da noite.

"Oh, querida, eu quero ir", disse Molly suavemente, com lágrimas inundando-lhe os olhos. "Quero muito ir — mas não posso fazer nenhuma promessa."

Nós a abraçamos e a beijamos, dissemos a ela que a amávamos, e a deixamos na calçada com os olhos lacrimejantes, do lado de fora da casa de chá.

Na noite do dia seguinte, Molly, tremendo e cambaleando, saiu do táxi, do lado de fora da prefeitura. Segurando sua mão, Treenie levou-a até o elevador, e daí até um grande salão agitado com as conversas de cerca de oitenta pessoas. Observei as duas se sentarem juntas na fileira da frente, e fiquei preocupado quando o homem mais alto da sala sentou-se do outro lado de Molly. Realmente, cheguei a pensar em pedir a ele que trocasse de lugar com alguém menor, mas a intuição me disse que com ele estaria tudo bem. Por volta do final da noite, vim a compreender que Avo, o homenzarrão, também era, provavelmente, o mais gentil. Ele foi tão atencioso às carências de Molly quanto Treenie.

Durante todo o decorrer da minha palestra, os olhos de Molly não se afastaram de meu rosto. De todas as pessoas que estavam lá, eu falei diretamente para ela, de coração para coração. Falei a respeito de nos amarmos, de nos importarmos com nós mesmos e de sabermos que cada um de nós é digno de valor.

Quando a conferência terminou, Treenie e eu levamos Molly para casa. Ela tremia tanto devido ao esforço da noite que, sem ajuda, teria caído ao sair do carro. Nós a levamos até a porta da frente, ficamos observando enquanto ela punha a chave na fechadura e abria a porta, e então a abraçamos e a beijamos, e lhe acenamos um adeus. Nunca mais vimos Molly novamente.

Enquanto dirigíamos para casa, refleti sobre a coragem de Molly. Cada ato fora de nossa casa, que, para nós, é mero automatismo, para ela representava um ato de coragem. Entrar num salão de cabeleireira provavelmente exigia da parte de Molly tanta coragem quanto a exigida de Adrian para saltar de dez mil pés de altura. Pensei sobre sua entrada no táxi, sobre sua entrada no elevador, sobre sua presença numa sala lotada, por toda a noite, e sobre como conseguiu suportar a companhia de estranhos por mais de três horas. Para uma agoráfoba, é uma grande dose de coragem.

Treenie me contou mais tarde que tivera a aguda percepção de que o falecido marido de Molly estivera presente durante a conferência, e do sentimento de sua plena aprovação pelo que estava acontecendo. Numa meditação dirigida, Molly disse-nos que ela ouvira as palavras: *É tempo de deixar partir, Molly querida, é tempo de deixar partir.*

Se mudamos ou não a vida de Molly, nunca o saberei, mas ela certamente teve um efeito sobre a minha. Por um bom tempo, estive questionando meus motivos para continuar a falar em público. Sou naturalmente uma pessoa sensível. Não sou do tipo salve-companheiro-que-bom-te-encontrar, vida-e-alma-de-uma-festa. Na verdade, eu tinha dúvidas até mesmo de se estaria na festa! Não tive mais a necessidade de ouvir a minha própria voz como forragem para o meu ego. Eu não precisava mais falar como uma forma de autogratificação. Minha pergunta para mim mesmo era: Meu discurso público contribui para o enriquecimento das pessoas que vão às minhas palestras? E isso era uma séria questão.

Minha experiência com Molly sugeriu que, de fato, eu tinha algo de valor para oferecer em termos de fortalecimento pessoal. Por isso, falo agora para Molly em cada conferência. A vida fez com que a necessidade dela e a minha se encontrassem de uma maneira simples, mas poderosa.

17

Rótulos sem significado

Uma das mais difíceis lições que aprendi na vida tem que ver com o sucesso e o fracasso. Tive de aprender que esses termos fazem parte da lavagem cerebral dos jovens, das impressões gravadas em suas mentes, no tempo de escola, da retórica da preocupação dos pais com o bem-estar dos filhos, do condicionamento de uma sociedade que faz julgamentos sobre nós.

Quando Treenie e eu emigramos para Oz, continuamos a exercer o único modo de vida que conhecíamos — a agricultura. Em retrospecto, continuei a cultivar a terra, não porque fosse a única coisa que eu queria fazer, mas porque era a única coisa na qual eu acreditava que poderia ser bem-sucedido.

Dentro de poucos meses, compramos uma fazenda numa colina na Tasmânia com a intenção de transformá-la em pastagem para bovinos. (A idéia de me tornar um barão da carne de vaca fazia cócegas na minha fantasia.) A vida, no entanto, tinha outros planos. No primeiro ano que passamos lá, presenciamos a pior invasão de lagartas que a região conhecera em trinta anos.

As lagartas enchiam nossas cisternas, poluíam e envenenavam a água e despiam nossas pastagens de todas as folhas de grama e de trevo. Elas se estendiam espessas sobre o solo enquanto, onda após onda, atravessavam as linhas da estrada de ferro. Os trens locais eram forçados a parar, derrapando e rodopiando sobre seus corpos esmagados e gordurosos. Como conseqüência, já nesse primeiro ano perdemos metade do nosso gado devido à água envenenada. Classifiquei isso como *meu* fracasso, mesmo que o senso comum indicasse que eu não poderia ser responsável pelos caprichos do tempo.

Depois de fazer um empréstimo no Banco do Desenvolvimento, começamos a nos dedicar à produção de laticínios. Levei menos de oito semanas para compreender que eu detestava ordenhar, mas demorou oito longos anos para que tudo isso chegasse ao fim.

Você pode bem perguntar por que não vendemos a fazenda se tínhamos tão pouco amor por ela. Seguindo-se diretamente à praga das lagartas, a Tasmânia teve três anos consecutivos da pior seca já registrada ali. Invernos frios e secos mudavam-se gradualmente em verões quentes e secos, e cada dia era uma luta para sobreviver. Durante tudo isso — como se precisássemos de mais outro golpe — uma bárbara recessão rural se instalou, agravada por uma volta às cidades em nível nacional. Os preços do leite, da nata e da carne de vaca despencaram numa baixa permanente. Ninguém, mas ninguém mesmo, estava comprando fazendas. A recessão duraria intermitentemente, indo e vindo, mas principalmente vindo, por seis anos muito difíceis.

Como conseguimos nos manter em meio a toda essa miséria, eu não sei, mas conseguimos. A fazenda chegou mesmo a crescer, quando comprei outros 240 acres com dinheiro emprestado num esforço para sobreviver. Naqueles primeiros dias, o gerente do banco duas vezes me aconselhou a vendê-la na primeira oportunidade, mas para mim isso significava uma coisa — eu havia fracassado, e de volta à Inglaterra, todos os meus parentes agricultores e parentes por afinidade diriam: "Ah, então eles fracassaram. Eu disse a vocês que seria isso o que aconteceria se eles emigrassem. Eu sabia que nada de bom surgiria disso."

Eu não conseguia lidar com isso. Eu precisava de sua aprovação. No meu papel de vítima, alinhei-me com os anos de condicionamento que julgavam meus esforços como bem-sucedidos (o que viria a significar que eu fora bem-sucedido) ou, horror dos horrores, como um fracasso.

Mas, durante a luta nesses anos de miséria, uma mudança estava ocorrendo em mim. Eu estava me tornando um dos pioneiros em agricultura orgânica na Tasmânia, um inovador — e assim, de uma maneira orgânica e natural, minha auto-estima também floresceu. Pouco a pouco, comecei a compreender que o meu medo do fracasso era exatamente isso — medo. Aprendi que o fracasso é uma expressão de medo de si mesmo, enquanto que o sucesso nada mais é que uma expressão de autoconfiança. O sucesso e o fracasso são simplesmente rótulos, mas rótulos que escondem o verdadeiro conteúdo do pacote.

A cada ano que passava, eu ia ficando cada vez mais ciente das minhas capacidades não-realizadas nos meus anos anteriores e do valor do meu maravilhoso relacionamento com Treenie. Nossos quatro filhos também me ajudaram no meu desenvolvimento como ser humano, pois o pai que não cresce com os filhos está em triste carência.

Na época em que a recessão terminou, tínhamos de novo transformado o nosso gado num excelente rebanho de carne bovina, tínhamos terminado a produção de leite, reduzido nossas dívidas, aumentado o tamanho da fazenda, melhorado a saúde e a vitalidade da terra e dos nossos animais — e cultivado a nós mesmos até um ponto onde a nossa confiança e a nossa auto-expressão estavam fazendo recuar os limites da agricultura.

A essa altura, vender a fazenda não significava mais fracasso. Na verdade, segundo as definições de uma sociedade volúvel, tínhamos sobrevivido a um holocausto agrícola. Fomos bem-sucedidos! Mas o sucesso e o fracasso não tinham mais qualquer significado para nós.

A vida acenou, e passamos a compreender que ela é uma aventura a ser vivida, um mistério a ser procurado, e não a ser julgado ou rotulado.

18

Um ritual de esperança

Pensando bem, sou grato pelas dificuldades que experimentei em meus primeiros anos como emigrante. Experiências adversas nos constroem ou nos quebram, ou então, para sermos mais precisos, encontramos nossas profundezas e nossas capacidades ou deslizamos inconfortavelmente para um estado apático de autopiedade.

Durante nossos anos de dívidas regulares e de lucros reduzidos e irregulares, Treenie e eu enfrentamos muitos aspectos do Eu. Numa dessas fases, tínhamos tantas contas a pagar que bastava eu abrir a escrivaninha e olhar para elas para ser instantaneamente acometido de diarréia. Às vezes, eu ficava tão preocupado que não conseguia dormir à noite transpirando em meio a um completo tormento mental. Eu aprendi o *verdadeiro* significado de "estar doente de preocupação".

Eu sabia que alguns agricultores, incapazes de lidar com a pressão durante aqueles anos implacáveis, cometeram suicídio. Isso não ajudou em nada. Apenas transferiu a carga da responsabilidade para o sofrimento prolongado de suas mulheres. Para mim, Treenie foi uma fortaleza. Se ela estava tão preocupada quanto eu com relação às contas não pagas, ela conseguia, com sucesso, esconder essa preocupação. Embora pagássemos nossas migalhas aos comerciantes, sobrevivemos. Como a maioria dos agricultores, adquirimos o mau hábito da autonegação. Qualquer gasto de dinheiro que fazíamos ia para a fazenda ou para as crianças.

Não obstante, do lado epicurista da vida, vivemos como reis proverbiais. Eu desenvolvera talentos em auto-suficiência capazes de manter um *freezer* de vinte e dois pés cúbicos com suculentas gulodices. Entretanto, a pressão financeira parecia interminável e além da minha capacidade para lidar com ela. Mesmo quando tínhamos um ocasional bom ano financeiro, ele era tragado num só gole, apenas para pagar pelos muitos anos pobres. Tudo parecia tão injusto, pois, embora eu não tivesse nenhum controle sobre o preço da produção da nossa fazenda, meus credores davam todas as indicações de que minhas dívidas tinham origem na minha própria culpa.

Foi durante os piores tempos, quando meu rosto estava pálido de preocupação, que descobrimos um caminho ao longo do qual conseguíamos competir em condições de igualdade. Parte da nossa terra ficava a mais de seiscentos metros acima do nível do mar, no sopé do Monte Arthur, bem acima do restante da fazenda. Ali, nesse belo espaço aberto, circundado por densa floresta, podíamos ter uma visão do mar distante.

Regularmente, quando a pressão era demasiado alta, Treenie e eu subíamos de carro até o ponto mais elevado da nossa terra para enumerar nossas bênçãos. Deliberadamente, desviávamos o foco do nosso pensamento daquilo que nós *não* tínhamos para aquilo que *tínhamos*. Isso tornou-se um ritual, um mergulho urgentemente necessário em tudo o que era enaltecedor e positivo.

"Temos quatro filhos maravilhosos", afirmávamos.

"Temos boa saúde e temos um ao outro. Temos uma abundância de amor em nossas vidas. Temos uma bela fazenda com vacas saudáveis. Temos uma corrente de água doce e muita pastagem. Vivemos numa bela casa. Temos muitos amigos bons e generosos. Temos uma vida cheia de riqueza e de bênçãos."

Bênçãos — isso tornou-se a chave. Tínhamos tantas em comparação com a única coisa que faltava: dinheiro.

Todas as vezes que praticávamos esse exercício edificante parecia haver mais e mais para agradecer. O simples "dinheiro insuficiente" tornou-se cada vez menos ameaçador, à medida que começamos a readquirir a nossa energia, que tinha, inadvertidamente, se rendido ao medo. Aprendemos a enumerar as nossas bênçãos e, com esforço e deliberação consciente, a dirigir nosso foco para elas na nossa vida diária.

À medida que praticávamos isso, tornou-se cada vez mais óbvio que o dinheiro não era tão importante como tínhamos pensado. O que nos enfraquecia não era a falta de dinheiro, mas a nossa preocupação anterior com aquilo que nos faltava.

Até hoje, estou convencido de que foi essa mudança da nossa perspectiva que mudou a nossa sorte. Focalize o negativo da sua vida, e ele crescerá. Focalize as bênçãos, e elas se multiplicarão. Não é a sorte nem o acaso aleatório que determinam a qualidade e o conteúdo de nossas vidas. É, simplesmente, o foco de nossos cuidados.

19

Uma fachada enganadora

Todos nós conhecemos o velho ditado: "Nunca julgue um livro pela capa." O mesmo provérbio aplica-se aos cassetes e aos produtos de embalagem mais requintada comercializados hoje — e às pessoas.

Sabemos perfeitamente bem que não devemos julgar as pessoas pela aparência, e mesmo assim o fazemos. Isso acontece durante o tempo todo — e aconteceu a mim.

Treenie e eu estávamos em Phoenix para dirigir um seminário. Tom e Linda, os organizadores do programa, a quem ainda não conhecíamos, apanharam-nos no aeroporto. Tom é um sujeito grande, um ex-madeireiro. Agarrando nossas duas malas mais pesadas, ele as balançava com leveza ao lado do seu corpo enquanto o seguíamos para o pátio de estacionamento. "Não sei se toda essa bagagem vai caber no nosso pequeno besouro", disse ele solenemente.

Eu não sabia o que responder. Seguimos silenciosamente. Enquanto caminhávamos por uma fileira de vários carros, subitamente Tom pôs as malas dentro da goela escancarada de um enorme Silverado. Olhou para mim, sorrindo com um ar infantil pela sua brincadeira, enquanto eu suspirava aliviado.

Sentei-me no banco de passageiros, ouvindo Tom matraquear uma lista de compromissos e de detalhes enquanto dirigia. Ele ainda estava falando quando parei de escutar e lhe dei uma olhadela esquiva, involuntariamente julgando o livro pela capa. Então, aconteceu. Ele baixou a janela, inclinou a cabeça para fora, e cuspiu!

Essa era a minha repugnância favorita — homens que cospem em público. (Tenho de dizer homens porque nunca vi uma mulher cuspir em público.) Lamentei — calado. Como pôde a vida ter reservado para mim a permanência, durante três semanas, junto com um homem que cospe?

Mais tarde, sentado à sombra de algumas grandes árvores no quintal de Tom e de Linda, eu observava, estupefato, como Tom pontuava a nossa conversa com uma exibição regular de cuspidas de longo alcance e notavelmente precisas. Linda estava obviamente embaraçada com o procedimento de Tom, mas isso era algo a que ela se resignara. Dentro de poucas horas, percebi que Tom não apenas cuspia mas também fumava e praguejava. Seria coincidência que esses outros dois hábitos humanos também me desagradassem?

Quando fui para a cama naquela noite, fiz ao universo uma pergunta: "Que diabos estou fazendo aqui?"

Na manhã seguinte, continuei na cama com um fluxo de clara introvisão pairando na superfície da minha mente. Até então, tudo que eu tinha visto em Tom eram aspectos de que eu não gostava. Que tal procurar por aspectos de que eu gostava? Eu tinha, definitivamente, julgado o livro pela sua capa; talvez fosse a hora de dar uma boa olhada no seu conteúdo.

Suponho que eu não deveria ficar surpreso com o fato de que o conteúdo revelasse uma pessoa notável. Descobri um homem que se igualava a mim na sua capacidade para sondar a vida em seus significados ocultos. Assim como eu, Tom estava fascinado pelos aspectos místicos da vida. Como eu, ele se dedicava ao crescimento interior e tinha por compromisso servir aos outros. Éramos folhas da mesma árvore, e ambos sabíamos disso. Tom não seria capaz de dizer a mim (comparativamente, um estranho) que me amava. Ele se pôs à minha disposição por três semanas inteiras, e nada ocorreu que fosse muito perturbador. Quando lhe perguntei sobre seus compromissos profissionais como reflexologista, ele disse: "Isso pode esperar. Enquanto você estiver aqui, pretendo aprender com você e crescer."

Aprender ele aprendeu, e crescer ele cresceu, embora dolorosamente, pois Tom resistia ao seu processo de crescimento na mais refinada das tradições. Gostasse disso ou não, eu era, pelo que parece, um catalisador, e, à medida que seus bloqueios se submeteram à minha observação minuciosa, desencadearam-se em Tom as seqüências todas que seu crescimento interior requeria.

Ele também aplicou em Treenie e em mim uma das mais poderosas e, devo dizer, dolorosas massagens a que já nos submetemos, mas sentimo-nos fantásticos quando ele terminou. E meus pés, uau! Ele nos ensinou como realmente nos tornarmos familiarizados com nossos pés para vivenciar a sensação de bem-estar que os pés estimulados, massageados e relaxados proporcionam.

O Tom verdadeiro transformou-se numa pessoa sensível escondida sob uma capa de humanidade rude, áspera e praguejante. Eu tinha de abrir o livro para ir além da capa, para encontrar o conteúdo do verdadeiro Tom. Assim como um caranguejo eremita se esconde na sua concha, Tom se escondia sob a sua fachada.

Ao perceber isso, foi-me permitido que eu me esvaziasse daqueles programas automáticos interiores que me separavam das outras pessoas. Nisso, Tom ajudou-me o máximo que podia — continuando com seus hábitos de fumar, de cuspir e de praguejar — e eu gosto desse cara!

20

Tempo de qualidade

Eu tinha vinte e seis anos quando meu pai foi hospitalizado para fazer uma operação de sondagem envolvendo o canal da bile. Mais tarde, quando o cirurgião disse ao meu irmão, Christopher, e a mim que papai tinha câncer no pâncreas — senti o chão afundar sob os meus pés. O câncer não podia ser operado e era basicamente incurável — uma sentença de morte. A estimativa do médico, de nove meses de vida, iria se mostrar notavelmente precisa.

O cirurgião recomendou, veementemente, que não contássemos ao meu pai ou à minha mãe a respeito do seu estado. Sem saber se essa seria a melhor atitude, concordamos. Não duvido que o cirurgião fosse bem-intencionado, mas hoje considero essa abordagem quase criminosa; presumir que uma pessoa é incapaz de encarar o fato da morte é algo que choca como se fosse o ápice da arrogância médica.

Naturalmente, contei a Treenie a respeito do estado de papai, e foi nessa época que passei pelo meu processo de entristecimento por ele, quando ele ainda estava vivo. Por ocasião de sua morte, eu estava calmo e desprendido. O choque inicial se desfizera desde há muito. Diariamente, eu observava os efeitos de seu câncer destruírem pouco a pouco a sua mente aprimorada e o seu corpo; diariamente eu testemunhava essa terrível deterioração à medida que ele definhava.

O fim chegou inesperadamente. Imagino que a morte, para a maioria das pessoas, é sempre um tanto inesperada, mesmo quando está sendo prevista. Estávamos em seu quarto conversando. Ele pediu-me um trago de *brandy*. Coloquei meu braço ao redor dos seus ombros para sustentá-lo enquanto ele tomava um golinho. Ele me entregou o copo vazio, suspirou... e morreu. Durante alguns momentos de perplexidade, eu não compreendi que ele estava morto. Porém, quando o deitei suavemente de volta no travesseiro, sua morte ficou óbvia. No andar inferior, vários parentes estavam fazendo uma visita, e eu pude ouvir o sussurro de suas conversas, mas sentei-me tranqüilamente com papai mais cinco minutos, observando seu último suspiro involuntário desaparecer. Finalmente, disse-lhe adeus e desci para contar à família.

Como era de esperar, aflição, histeria e pandemônio irromperam. Retirei-me. Não senti nenhum choque, nenhuma tristeza verdadeira. Durante aqueles últimos preciosos minutos, eu observara a marca do sofrimento prolongado deixar o rosto de papai, para ser substituída por uma expressão de paz indefinível. Observei anos se passarem, à medida que as linhas profundas sulcadas de seu rosto sério atenuaram e se abrandaram pela primeira vez em tanto tempo. Isso aconteceu anos antes de eu fazer a minha própria investigação sobre o processo de morrer e sobre a morte, mas foi ali que minhas pesquisas desencadearam. Em alguns aspectos, a morte de papai parecia mais como um passar a viver; a única diferença era que ele não estava mais acessível a nós.

Por mais estranho que possa parecer, os últimos meses de sua vida foram o melhor tempo em termos de *qualidade* que ele e eu passamos juntos. Meu avô morreu quando papai tinha apenas dois anos de idade; por isso, ele não representou o papel de modelo de como ser um pai. Eu o amava e o respeitava, mas, na maior parte do tempo, não éramos bons amigos. Éramos pai e filho, com discussões intermináveis entre nós. Perto do fim, à medida que sua doença se agravava, papai não tinha mais nenhuma energia para discutir, e juntos encontramos aceitação mútua e paz.

Tenho certeza de que, bem no íntimo, papai sabia que estava morrendo. Quase seis semanas antes de morrer, ocorreu um incidente entre nós que teria um efeito profundo na minha vida. Ele queria compartilhar de alguns sentimentos; no entanto, não estava preparado para fazê-lo.

Não me lembro de alguma vez ter ouvido papai dizer que me amava. Como acontece com muitos outros homens, era impossível para ele dizer palavras de amor para alguém do mesmo sexo, mesmo que fosse um menino. Tenho uma lembrança muito nítida dele segurando Josephine, a garota que morava ao lado, quando ela tinha uns seis anos de idade e eu mais ou menos oito, e dizendo-lhe que a amava. Lembro-me da dor que eu senti. Eu queria muito que ele dissesse essas palavras para mim.

Nessa mesma tarde, papai começou, de maneira hesitante, a me dizer que fizera um juízo equivocado a meu respeito. Estava sempre citando provérbios e ditos populares, e posso ainda ouvi-lo dizer: "Desde que você era um menino, eu tinha de continuar me lembrando de que os potros selvagens se transformam nos melhores cavalos."

Ele continuou se desculpando por comparar-me academicamente com o meu brilhante irmão. "Desde que você se casou, passei a ver um lado de você que eu não sabia que existia", disse ele, confessando o quanto ele malograra em apreciar em mim as qualidades que ele agora estava tentando reconhecer.

Ele tentava penetrar, às apalpadelas, de maneira insegura, em seus mais profundos sentimentos e afeição por mim. Ele tentou desesperadamente dizer que me amava, mas as palavras o derrotaram. E, tristemente, eu era tão carente de prática quanto ele; por isso, as palavras nunca foram ditas entre nós, mas ambos conhecíamos e sentíamos o amor que nos unia.

Essa tarde, na qual cada um de nós alcançou o outro, foi um triunfo de tempo de qualidade. O fato de que não podíamos compartilhar as palavras de amor produziram uma impressão duradoura. Eu também era pai, de Duncan e de Adrian. Silenciosamente, fiz um voto: enquanto eu vivesse, diria a *todos* os da minha família o quanto eu os amava e os apreciava. E é o que eu faço. Eu nunca deixo que esse sentimento fique apenas subentendido. Meus três meninos são hoje homens crescidos, mas quando os encontro ou quando converso com eles pelo telefone, digo-lhes — com tanta facilidade quanto digo à minha filha Tracy — que os amo. Com igual facilidade, eles podem falar do seu amor por mim. Como eu valorizo isso!

Declarar verbalmente o nosso amor por aqueles a quem amamos é algo muito simples, mas muitas pessoas — particularmente os homens — nunca o fazem. Nada é mais estimulante para quem o declara, ou para quem recebe a declaração, do que as palavras: "Eu te amo." Nada é mais poderoso. E nada poderia ser mais simples.

Há sempre uma recompensa em compartilhar o nosso amor, e às vezes há uma gratificação adicional.

Somente um mês antes de Treenie e eu deixarmos Oz para nossa excursão aos Estados Unidos, Russell casou-se com uma adorável garota chamada Michelle. Durante seus estágios de planejamento, Russell pediu-me para ser o padrinho de casamento da noiva. Por mais tolo que possa parecer, fiquei vagamente embaraçado.

"Você não pode escolher entre Duncan e Adrian?", perguntei.

"Sim, respondeu Russ. "Eu poderia, se quisesse."

"Você sabe que é normal escolher um de seus irmãos, ou o seu melhor amigo", disse eu.

"Sim, papai, eu sei", respondeu Russell pacientemente. "É por isso que estou pedindo a você."

Abracei-o, com lágrimas nos olhos, e lembranças do meu pai e de mim mesmo cruzavam a minha mente.

Fui o padrinho da noiva, e gostei disso. Quando, durante os discursos, foi minha vez de dizer alguma coisa, contei a história do meu pai e de mim mesmo. Falei a respeito de compartilhar amor, e de como eu, o pai de Russell, tinha obtido a honra de ser o padrinho de sua noiva. Enquanto eu estava falando, podia-se ouvir um dos sábios provérbios de papai, tão grande era a atenção.

Mais tarde, não menos de seis homens me disseram, timidamente, como as minhas palavras os afetaram profundamente.

Isso aconteceu numa comunidade agrícola, onde os homens costumam estar fora de contato com seus sentimentos mais profundos. Um deles confidenciou-me que tinha quatro filhos crescidos e jamais lhes dissera, uma vez sequer, que os amava. Então, há dez anos, foi surpreendido com o nascimento de um último filho. Agora mais velho, o homem tinha abrandado e amadurecido o suficiente para ser capaz de dizer ao seu filho como se sentia. Recentemente, seus filhos adultos voltaram ao lar por algum motivo de reunião de família e, pela primeira vez, o homem disse a eles: "Eu amo vocês." Seus olhos ficaram úmidos ao descrever como seus filhos choraram, dizendo que tinham esperado a vida toda para ouvi-lo pronunciar essas palavras.

Tornar-se mãe ou pai é um acontecimento biológico que um número muito grande de pessoas chega a realizar. Tornar-se um pai *responsável* é algo muito diferente: requer que cresçamos com os nossos filhos, e isso exige que estejamos abertos ao crescimento. Ser um pai *e* o melhor amigo é algo mais. Provavelmente, mais do que qualquer outra coisa, o que é necessário aqui é encontrar humildade. Talvez até mesmo ser capaz de dizer: "Eu estou errado", quando, na verdade, estamos certos! Por quê? Porque ser um amigo é mais importante do que estar certo. O certo e o errado acabarão se evidenciando, mas a verdadeira amizade não espera. Ela tem de ser uma coisa de tempo integral. Os melhores amigos são escolhidos, e não herdados.

Outra qualidade igualmente importante no fato de ser, ao mesmo tempo, pai e amigo é a capacidade e a boa vontade de se comunicar abertamente. A comunicação aberta cria tempo de qualidade. Infelizmente, uma coisa tão simples como o tempo de qualidade tornou-se excessivamente rara.

21

Ladainhas de ressentimentos

É freqüente me perguntarem a respeito do destino; se eu acredito que a vida é pré-ordenada, ou se somos nós que escolhemos os caminhos de nossas vidas. Essa é uma questão nada superficial para mim. Quando me fazem essa pergunta, minha memória invariavelmente recorre a um incidente da minha juventude. Enquanto reflito sobre ele, ao moldar a minha resposta, reconheço que a maior parte da humanidade vive num tal estado permanente de inconsciência que a escolha não é possível. Não podemos escolher um caminho na vida se estamos inconscientes de outros caminhos, de outras opções. Não podemos tirar a única maçã vermelha de um cesto de maçãs verdes se formos daltônicos.

Mas suponha que é a maçã vermelha a única que nos escolhe, e daí? Impossível, diria você. Mas você tem certeza? Porque se você estiver errado, sua liberdade de escolha na vida é seriamente limitada.

Deixe-me dizer-lhe algo a respeito desse incidente da minha juventude, pois, provavelmente, mais do que qualquer outro momento da minha vida, ele afetou o meu destino. Aconteceu na fazenda de meu pai quando eu tinha dezenove anos. Chovera durante vários dias, mas agora estava claro, com um vento quente e seco. Eu estava usando um forcado de dentes longos para revolver a palha solta num campo ceifado, de modo que a palha secasse antes de ser enfeixada. Meu companheiro, Stan, era um homem provavelmente quarenta anos mais velho do que eu, um homem amargurado por sua experiência de desigualdade social, pertencente à classe trabalhadora numa Inglaterra onde a consciência de classe é muito acentuada. Poucas pessoas sabiam tão profundamente com quanta amargura ele se ressentia dessa discriminação.

Desde a época em que comecei a trabalhar na fazenda de meu pai, com a idade de quinze anos, Stan me usava como um meio para descarregar sua cólera profundamente arraigada e sua humilhação, que ele acumulara ao longo de uma vida servil. Seus atos assumiram a forma de violência verbal, não tanto dirigida a mim, pessoalmente, mas à minha avó paterna e à sua família. Ela era um alvo óbvio, pois era obstinada e dominadora, e gostava de colocar as pessoas no seu lugar — ou, como eu diria, o lugar a que, segundo ela, eles pertenciam!

As críticas ácidas de Stan tomavam a forma de uma violência sutil, psicologicamente perturbadora para nós dois. As pessoas da minha família eram muito fechadas; nunca contavam por iniciativa própria sua história para mim, nunca discutindo comigo indiscrições de família. Minha ignorância a respeito da verdade tornou-me vulnerável à malícia, às mentiras e às meias-verdades de Stan.

Pensando bem, compreendo que sua hostilidade o fazia sentir-se culpado, pois ele gostava muito do meu pai. Paradoxalmente, ele também tinha um verdadeiro afeto por mim, mas seu ódio de classe era intenso demais para que ele conseguisse superá-lo.

É difícil transmitir o efeito de estar, de modo contínuo, sujeito a investidas vingativas e desmoralizantes, especialmente quando o meu atormentador era tão mais velho que uma luta corporal não seria uma alternativa honrosa. Durante essa época, nunca confidenciei com meus pais, ou com qualquer outra pessoa. Suportei essa situação por quatro anos, retendo minha raiva profundamente no meu íntimo, e temendo as conseqüências de sua emergência.

Nesse dia particular, quando trabalhávamos sob um sol acolhedor, com o leve estalar da palha mesclando-se ao canto das calhandras, um sentimento não-natural de desolação apoderou-se rapidamente de mim quando Stan iniciou sua corrosiva ladainha de ressentimentos. Não sei por que, mas nesse momento senti uma súbita erupção de violência incontrolável e de ultraje. Ele tinha parado o seu trabalho e estava olhando para as minhas costas. Eu podia sentir seus olhos perfurando-me, um sentimento familiar. Ele fez outra observação sarcástica, desta vez mais pessoal, e eu parei o movimento rítmico regular usado para virar os montes de palha úmida.

Senti algo se movendo dentro de mim, e minha raiva jorrou à superfície. Voltei-me, e meus olhos ficaram travados nos dele; ele percebeu que tinha ido longe demais. Medo e apreensão invadiram-lhe o rosto, tirando-lhe a cor.

Meus sentimentos eram inteiramente novos. Não havia pensamento algum, nenhuma cólera furiosa, mas um caldeirão fervilhante de vazio. Até mesmo a raiva que precipitou essa experiência se desvanecera. Senti somente a necessidade de acabar com aquilo, da acabar com ele. Com um par de passos rápidos, diminuí a distância entre nós e, perdido no vazio, empunhei meu forcado num gesto que o transformava repentinamente numa arma mortal.

Numa fração de segundos, antes de desferir o golpe com os dois dentes de dezoito polegadas, vi o horror em seus olhos, vi o pavor. Nesse momento congelado, meu corpo se equilibrou para soltar toda a violência há tanto tempo contida. Fui inundado por um sentimento que eu só posso descrever como amor absoluto. Cada célula do meu corpo transformou-se em luz, tremendo e vibrando. O vazio do meu coração e da minha mente foram instantaneamente inundados com a experiência e o conhecimento do amor. E amor não era algo que eu sentia — eu *era* amor.

Mesmo agora, quando olho para trás, a lembrança dessa experiência me enche de maravilha e de medo.

Parece que ficamos imóveis durante eras, mas foram apenas segundos antes que eu, calmamente, abaixasse o forcado. O suor gotejava pelo rosto de Stan; seus olhos estavam em choque. Penso que ele deve ter duvidado da minha sanidade mental quando falei com ele. Escutando com descrença as minhas próprias palavras, ouvi minha própria voz dizendo: "Está tudo bem agora. Acabou. Você nunca mais será capaz de me ferir com suas palavras ofensivas. Veja bem, eu te amo e te perdôo."

O restante desse dia transcorreu calmamente. Ele foi rechaçado e subjugado, enquanto que eu me sentia perdido, embaraçado por tudo o que eu havia dito, e superiluminado com um sentido de maravilha e com uma desvanecente experiência de amor que, infelizmente, eu não poderia sustentar.

A experiência mudou por completo o nosso relacionamento. Dentro de poucos meses, as longas críticas de Stan cessaram, embora, cerca de duas semanas após o incidente, ele tivesse tentado restabelecer seu domínio. Mas então suas palavras de ressentimento nada mais significavam para mim, não tinham mais o poder de me ferir.

Anos mais tarde, quando Stan morreu, ele o fez facilmente e com dignidade. Acredito que eu posso ter sido parcialmente responsável por isso, pois, o que quer que tenha acontecido a mim, afetou também a ele. De alguma forma, o meu amor e o meu perdão pareceram exorcizar seu tormento pessoal.

Isso nos traz de volta ao destino. No momento em que eu estava prestes a matar, *alguma coisa* interferiu. Essa intervenção mudou o meu destino, ou me impediu de mudá-lo? Vocês decidem.

22

Um sonho concretizado

Estou convencido de que concretizamos *todos* os acontecimentos de nossa vida, os maiores e os menores. Aquilo sobre o que pensamos constantemente torna-se o foco principal da nossa concretização, embora essa possa ser inconsciente e desconhecida. Se gostamos do acontecimento concretizado, consideramo-nos felizes; se não gostamos, então ficamos infelizes. De qualquer maneira, somos vítimas de nosso próprio poder interior não-admitido.

Esta história refere-se à deliberada concretização de um sonho que foi alimentado durante muito tempo com o conhecimento e o uso das regras, e com os confrontos inesperados que essa situação provocou.

No início da década de 70, Treenie e eu nos dedicávamos à agricultura na Tasmânia, e estávamos passando por um processo de intensa mudança. Parece que a mudança resume a história de nossas vidas. Tínhamos escutado e lido a respeito da comunidade inspiracional escocesa conhecida como Findhorn, e também estávamos inspirados pela visão que anima essa comunidade. Decidimos concluir nosso trabalho agrícola e nos unirmos a alguma comunidade semelhante na Austrália, ou criarmos uma.

Além disso, pretendíamos concretizar nosso sonho comunitário. Queríamos viver o conceito de totalidade a respeito do qual havíamos lido e, vivenciando-o, torná-lo real. O único empecilho era o fato de que não tínhamos uma pista que nos indicasse como realizar esse sonho.

Vendemos a fazenda em 1976, o que nos livrou de dívidas, mas não tínhamos dinheiro suficiente para comprar qualquer tipo de propriedade onde pudéssemos dar início ao nosso projeto.

Passamos grande parte do ano viajando por Oz. Matriculamos nossos filhos numa escola por correspondência e viajávamos para onde quer que o destino nos levasse. Para ser honesto com vocês — eu não era um viajante audacioso e despreocupado. Diariamente, eu tinha uma sensação crescente de medo e de inadaptação. Ali estávamos, tentando concretizar um estilo de vida totalmente novo, baseado em comunidade, e mal sabíamos o que estávamos fazendo ou para onde estávamos indo. Tudo o que eu sabia na vida era trabalhar em agricultura e isso era a única coisa que eu não estaria fazendo. Evidentemente, confrontei com as minhas limitações, e, a cada dia, a idéia de que estávamos tentando concretizar uma comunidade parecia mais absurda.

Para mim, o problema se complicou. Digo para mim, porque Treenie não se afligia por nenhuma das dificuldades que me faziam sentir cada vez mais incapaz. Quando visitamos uma pequena comunidade perto de Mildura, em New South Wales, não obstante a recepção calorosa que recebemos, não levou muito tempo para eu compreender que um número muito grande de pessoas representava outra ameaça. Meu ato de confiança forte e fácil, voltado para fora, não passava disso — um ato.

Permanecemos lá por cerca de apenas uma semana, mas durante esse tempo, a despeito de meus temores, tivemos uma profunda ligação com Art e Em Davis, proprietários das áreas de cultivo de plantas cítricas e de uvas da comunidade, e também com sua família. Seus dois filhos, Bruce e Mark, ficaram particularmente atraídos pela nossa visão de comunidade.

A vida nos trouxe de volta para a família Davis no final de 1976, e, por algum tempo, nós nos assentamos numa rotina de vida em comum. Bruce e Mark ingressaram de modo mais vigoroso em nossas vidas. Pessoalmente, eram muito competitivos entre si, e também muito diferentes um do outro. Bruce, poucos anos mais velho do que Mark, era, naquela época, um sonhador, não muito prático, mas, possuindo o dom das palavras e, muitas vezes, uma introvisão surpreendente, era um grande inspirador para as pessoas. Mark era muito mais prático, muito entusiasta e estava sempre atento, cuidando para que todo o trabalho e todos os projetos terminassem nos prazos devidos. Bruce iniciava os trabalhos; Mark terminava-os.

À medida que a vida se tornava uma rotina, não demorou muito para que Treenie e eu começássemos a sentir os primeiros sinais de descontentamento. Tínhamos compartilhado de nossa visão com essas pessoas, e Bruce e Mark queriam fazer parte dela, mas nada estava acontecendo. Art e Em estavam planejando vender o seu lote (os cultivadores locais de uvas e de frutas cítricas eram geralmente conhecidos como *blockies*) e partir para desfrutar em outro país um longo período de férias atrasadas; enquanto isso, senti que estávamos apenas marcando passo.

Certa manhã, eu disse a Bruce que Treenie e eu estávamos pensando em nos mudar. Nosso sonho não estava se consolidando. Discutimos isso por algum tempo, e, lentamente, o verdadeiro problema veio à luz — não tínhamos nenhuma direção. Quando aconteceria o que estávamos querendo? Como? Com quem? Onde? Tínhamos um sentido de propósito, mas não tínhamos uma moldura onde colocá-lo. Tudo era vago e nebuloso.

A partir das nossas discussões, veio a clareza, e com a clareza nasceu a nossa prece de concretização. Era uma prece na qual acreditávamos. Nós a líamos diariamente, em grupo, sintonizando-nos com a sua essência. Eis a prece:

Prece de Concretização

Estamos reunidos, Pai, na vossa presença para pedir um Centro de Luz. Queremos invocar as vossas energias para trabalhar através de nós na concretização desse Centro de Luz.

Pedimos e afirmamos a nossa crença em que receberemos dinheiro para concretizar um Centro de Luz, ou em que, no caminho do Espírito Santo, receberemos o que nos é necessário para essa concretização.

Se for da vontade de Deus, pedimos uma área perto da Costa Leste, na região ao sul de Queensland, com acres suficientes de solo fértil, que é também um centro de poder cheio de força vital à espera de ser liberada através dos reinos da humanidade, da Natureza e de Deus, numa mistura de unicidade e de sintonia.

Pedimos abundância de água doce e pura, um suprimento que nunca nos deixará carentes em quaisquer adversidades. Reconhecemos a imensa e inexplorada qualidade espiritual da água, e expressamos o nosso desejo de compreender mais intimamente o reino da água e sua sabedoria infinita, como um elo de ligação e de partilha de vida através de Deus.

Pedimos que haja abundância de árvores de muitas espécies nesse sagrado pedaço de terra. Afirmamos o nosso amor pelas árvores e nosso contato com a inteligência das árvores. Desejamos a maior sintonia possível com esse reino.

Pedimos uma grande casa com edificações anexas nessa terra para que tenhamos abrigo enquanto construímos os casas de nossas famílias. Pedimos que a casa sirva como um centro comunitário, à medida que nosso Centro de Luz se desdobre sob a orientação do seu amor.

Pedimos colinas e vales dentro de nossa área especial. Pedimos a beleza e o apoio de montanhas vizinhas.

Pedimos que a incrível vibração e a vitalidade do oceano estejam suficientemente próximas para que nos beneficiemos de sua presença espiritual.

Pedimos, Pai, que essas coisas se concretizem através da tua Santa Vontade. Curvamo-nos diante do vosso plano infinito. Aproximamo-nos de Vós com amor, fazendo uso de nossos direitos como criadores para criar um centro de harmonia destinado a demonstrar o amor ilimitado e a verdade de uma nova era.

Pedimos que isso se concretize por volta de 1º de abril de 1977, quando sairemos daqui, colocando-nos sob a vossa orientação rumo a esse Centro de Luz, o vosso Centro de Luz.

Agradecemos a vós, Pai.

Como você poderá observar, essa não foi nenhuma oração tola. Fomos muito específicos, mas se Deus ou a vida decretasse um desenlace diferente, então que fosse assim.

* * *

O tempo passou numa neblina de calor cada vez maior, e, certo dia, Treenie teve uma forte sensação de que Bruce e eu deveríamos estar procurando o nosso pedaço especial de terra.

Foi uma iniciativa arrojada e assustadora, pois tínhamos pouco dinheiro e estávamos nos propondo colocar a nossa fé no comando para que ela descobrisse e até mesmo para que ela iniciasse a compra legal de uma terra que somente presumíamos que seria descoberta. Em meados de novembro, três semanas apenas depois de termos escrito a prece de concretização, Bruce e eu partimos para uma viagem de mais de seiscentas milhas para a Costa Leste. Viajamos no Bluebird, o surrado furgão Holden de Bruce.

Nosso primeiro destino foi o New Awareness Center, em Sidney, um grupo formado por Terrance Plowright, que tinha voltado de Findhorn para pôr suas idéias e sua expressão numa forma que pudesse atrair outras pessoas de pensamento semelhante. Nós nos apresentamos a Terrance e esboçamos os nossos planos. Ele foi amistoso e receptivo, mas um pouco distante. Bruce achou uma solução para isso. Cerca de dez minutos depois, ele deu um salto e atirou um braço ao redor do ombro do espantado Terrance: "Vamos, relaxe, homem. Não fique tão tenso. Somos todos cúmplices, como você sabe!"

Terrance, em vez de ficar abalado com esse gesto de Bruce, relaxou visivelmente. Mais tarde, fomos até o apartamento dele e dormimos.

Na manhã seguinte, conhecemos Betty, a amável patroa de Terrance. Ela também ficou entusiasmada com a nossa busca, e nos ajudou a conseguir um pouco de gasolina, o que, na época, era quase impossível de se obter em Sidney, devido a uma greve. Sem a sua ajuda, nosso prazo, que era crucial, teria sido seriamente comprometido.

Nosso plano era viajar para o norte, até Noosa Heads, ao sul de Queensland, e a seguir descer lentamente pela região costeira à procura do nosso lugar especial. Não estávamos literalmente apegados ao conteúdo da prece de concretização. Mesmo que verificássemos tratar-se de uma península de areia, estaria tudo bem, contanto que soubéssemos com certeza que *era* essa península o nosso lugar especial.

Demos várias voltas subindo pelo litoral, num dia longo e cansativo.

Mais tarde, nessa mesma noite, eu, que sempre tive um sono leve, me contorci e me virei no banco traseiro, sobre a grama, perto de águas que escoavam vagarosamente. Devido aos enxames de mosquitos, eu insistira em manter as janelas fechadas, deixando apenas uma fresta mínima para respirar.

Agora estávamos ambos sofrendo. Bruce com seus sonhos de morte lenta por asfixia, eu com vontade de comer um grande prato de camarões antes de me deitar. Minha boca tinha aquela velha sensação de conforto e mesa farta. Finalmente, Bruce falou, ofegante: "Roadsie, preciso de ar. Estou sufocando."

Honestamente, algumas pessoas são tão exageradas! Não obstante, demos um salto para fora do veículo e, enquanto Bruce entregava-se a uma respiração profunda, encontrei um pequeno riacho e bebi alguns galões de água, e me senti bem.

* * *

Desenhando curvas perfeitas, com as suas brancas pontas acariciadas por um vento leve, as ondas chegavam correndo até a praia. Bruce e eu saltamos do Bluebird, mergulhando no mar com gritos de alegria. Logo, molhados e cobertos de sal, continuamos a viagem com o furgão costa acima.

Bruce dizia que conhecia a área, e, no fim do dia, nos encaminhou para um prometido rio de água doce. Passei a ter sérias dúvidas à medida que a estrada se convertia numa pista que se deteriorava rapidamente, perdendo-se na mata luxuriante, mas, com toda a certeza, acabamos dando com o tesouro escondido. O rio perfeito para retirar o sal do mar e o suor da viagem.

Dirigimos o dia todo depois de um mergulho de manhã cedo. Quando chegamos ao nosso destino, o cenário cambiante tinha se tornado um borrão.

Em Noosa Heads, telefonamos para uma agência de bens imóveis e fizemos planos para encontrar um agente imobiliário no dia seguinte. Uma hora mais tarde, dirigimos até um lugar perto de Noosaville e alugamos um *trailer*, pois a noite logo nos apanharia com sono. Bruce estava roncando suavemente quando pus meu livro de lado. Logo que meus olhos se fecharam, todo o barulho correu solto à nossa volta. Ouvindo a balbúrdia, deduzi que um time de futebol infantil, que tinha acampado antes por perto, acabava de voltar da cidade. Várias horas mais tarde, começava uma caçada aos sapos. Gritos de blasfêmia flutuavam no ar enquanto os sapos eram socados nas sepulturas, enterrados até o pescoço. Quando eu estava a ponto de disparar furioso para cima deles, uma voz alta e irada ameaçou capar todos eles. Com exceção de uns poucos sussurros abafados, a ameaça produziu o efeito desejado.

Acordamos cedo, com Bruce revigorado por dez horas de sono profundo e ininterrupto, e eu cambaleante por falta dele, e fomos encontrar o agente imobiliário, que nos perguntou o que estávamos procurando. Bruce abriu a boca para responder, mas olhou para mim. Foi quando me tornei o porta-voz da nossa expedição de caçada.

"Bem, isso depende", disse eu. "Saberemos o que estamos procurando quando o encontrarmos. Até então, vejamos que terrenos vocês têm."

Seis fazendas mais adiante, retomamos a nossa viagem para o sul. Demorou muito tempo devido ao meu apego à área de Queensland.

Pouco a pouco, fomos descendo a costa de uma cidade para a seguinte, visitando belas fazendas, uma após outra. Nada, no entanto, que conseguisse badalar os sinos internos do reconhecimento. Nem uma única vez sentimos que aquele era o nosso lugar especial. Finalmente, dobrando por uma estrada que levava para o interior, descemos o despenhadeiro. O furgão fazia curvas onduladas a partir das altas e frias elevações do planalto Dorrigo, em direção ao quente e úmido vale de Bellingen.

Na hora em que encontramos o *camping* de Cedar e nos registramos nele, as lojas estavam fechadas, mas isso não nos impediu de ler os anúncios de imóveis nas janelas das suas locadoras. Logo depois que nos acomodamos no *trailer*, Bruce e eu concordamos que a nossa busca estava "esquentando". Ambos sentimos um aguçado senso de antecipação.

Pouco antes do crepúsculo, enquanto eu estava desfrutando de mais alguns camarões, reparei que as grandes vagens de algumas árvores próximas começaram a cair. Olhei mais de perto e vi que eram, na verdade, enormes aglomerados de raposas voadoras, que são grandes morcegos com cara de raposa e comedores de frutas. Olhei-os com toda a atenção. Somente depois disso é que percebi que eles pendiam aos milhares do grupo de árvores, num pequeno pedaço de terreno que já fora uma ilha no rio Bellingen. Bruce e sua câmara estavam registrando a cena enquanto os morcegos gritavam e xingavam uns aos outros, agitando-se após a letargia do sono. Quando o crepúsculo caiu, o céu noturno escureceu com enormes enxames deles, que espiralavam na escuridão circundante, à procura de flores e de frutas locais.

Compartilhei o último dos meus camarões com uma raquítica cadela de caça de pêlo ruivo que agiu como amiga durante o tempo exato em que os camarões duraram. Quando acabaram, ela também desapareceu na noite.

Na manhã seguinte, brilhante de promessas, nos juntamos a Andy, outro agente imobiliário, para continuar a busca do nosso lugar especial. Bruce e eu tínhamos um novo sentimento de excitação, o que pode explicar o motivo pelo qual falávamos com maior franqueza com Andy, fazendo-o compartilhar dos nossos planos de maneira mais detalhada. Ele tinha, realmente, ouvido falar de Findhorn. Foi uma surpresa. Embora ele nada entendesse de sua função, foi um bom ponto de partida. Andy parecia compreender o que necessitávamos; por isso, quando eu lhe disse: "Alguma coisa de um acre a trezentos, e tal que quando a virmos, saberemos", ele parecia saber onde nos levar.

Até o final do dia, devíamos ter olhado uma dúzia de propriedades. Algumas delas eram belas fazendas, outras apenas acres de terrenos com frente para um rio. Várias delas poderiam ter satisfeito as nossas expectativas, mas a magia do reconhecimento não tinha acontecido. Estávamos ambos um pouco frustrados quando Andy disse: "Bem, rapazes, há mais uma propriedade para ver, mais acima, na estrada de Darkwood. É um tanto grande, mas imagino que ela é perfeita para o que vocês pretendem."

Eu estava sentado no banco da frente com Andy, enquanto Bruce sentou-se, estranhamente recurvado no banco de trás. Logo depois que entramos na estrada de Darkwood, cruzamos o rio sobre uma ponte baixa, feita de madeira, e estávamos a ponto de cruzá-lo novamente, pois o rio serpenteava ao longo do vale. Observando uma profunda piscina natural, Bruce e eu gritamos em coro: "Uau, Andy!"

Andy ficou nos observando sorrindo enquanto mergulhávamos nela. Deus, eu adoro rios! "Estamos perto da fazenda?", Bruce perguntou.

"Mais uma ponte, rapazes, e estaremos lá."

Subimos em seu carro, ainda molhados, e continuamos por uma estrada estreita. Falando em voz alta a respeito da ponte seguinte, Andy nos contou que a propriedade se estendia, em ambos os lados da estrada, ao longo de quase uma milha. Quando ele nos deu os detalhes, eles nos soaram, ao mesmo tempo, impressionantes e caros. A fazenda estava à venda por 65.000 dólares, e era pegar ou largar. Até pouco tempo antes, fora uma fazenda de laticínios. Agora, o proprietário mais velho criava algumas vacas e vitelos para corte.

O carro disparava pela estrada. Nossos olhos devoravam a fazenda, os baixios do rio, as depressões e vales, as árvores nas colinas e a pequena e asseada casa da fazenda.

"Vamos parar?", perguntou Andy.

Nada senti dentro de mim, por isso respondi: "Não, vamos prosseguir." Não olhei para Bruce no banco traseiro.

Olhamos para mais alguns blocos de terra, mas os sinos interiores não soaram. Logo estávamos de volta, em Bellingen.

Bruce e eu subimos no Bluebird, perdidos em nossos pensamentos. "O que é que você acha, Bruce?", perguntei.

Ele parecia sombrio. "O que *você* acha, Roadsie? Que tal a grande fazenda que nós vimos?"

Expliquei, pacientemente, que era muito cara. Talvez, por algum milagre, pudéssemos conseguir metade daquele dinheiro, mas 65.000 dólares, nem pensar.

Pareceu decepcionado. "Qual é o problema?", perguntei.

"Nada, Roadsie, vamos para casa. Estávamos querendo demais." Ele deu partida no Bluebird e seguimos rumo a Pacific Highway.

Fiquei aturdido. O que tinha saído errado? O que é que estávamos querendo demais? Agora, eu também estava zangado e desconcertado.

O Bluebird devorava quilômetros enquanto nos mantínhamos num silêncio tenso, e estávamos na rodovia dirigindo-nos para casa quando percebi um marco onde se lia Hungry Head Beach apontando para a nossa esquerda.

"Vamos descer lá na praia", disse eu. "Vamos conversar."

Ele girou rapidamente o carro borrifando pedregulhos para todos os lados e o dirigiu até o promontório coberto de grama, onde estacionamos. Olhamos um para o outro, em silêncio. "Está bem, o que está incomodando você?", perguntei.

"Roadsie, não estamos preparados. Não temos a confiança e a fé para fazer o que temos em mente. Estamos limitados demais."

Com alguns detalhes, continuou a me dizer que estivera dando cambalhotas interiores no banco traseiro, gritando em silêncio que tínhamos encontrado a coisa certa, enquanto Andy nos dirigia ao longo da estrada de Darkwood. Bruce estava esperando que eu reconhecesse a propriedade como o nosso lugar especial, para confirmar seus sentimentos interiores. Quando eu disse: "Não, vamos prosseguir", ele ficou arrasado.

Enquanto ele falava, comecei a compreender um pouco mais a respeito de mim mesmo. Falar sobre concretização era uma coisa; encará-la frente a frente era outra.

Essa era uma parte do problema; a outra parte era meu senso prático que se afundara no pântano. Durante toda a minha vida, eu fora condicionado a lidar com dinheiro de uma maneira lógica e prática. O que estávamos nos propondo não era nem lógico nem prático. Dizia respeito à confiança e à fé no desconhecido. Dizia respeito a uma prática considerada como algo ilimitado, e não como algo limitado. Quando Andy disse 65.000 dólares, minha lógica ergueu uma barreira de impossibilidade. Não tínhamos o dinheiro, nem poderíamos consegui-lo; portanto, de que adiantaria dar uma olhada na fazenda se não era possível comprá-la? Eu tinha de encarar uma verdade. Bruce dissera: "Roadsie, não estamos preparados." A verdade era esta: o bom velho Roadsie é que não estava preparado.

Ninguém poderia ser menos prático do que Bruce naqueles dias. E naquele momento nada era menos necessário do que o senso prático. Embora o aspecto monetário me bloqueasse, eu rapidamente compreendi o meu compromisso. Nós a compraríamos e a dividiríamos. Poderíamos guardar aquilo de que necessitávamos e usar o saldo do dinheiro para começar um programa de construção. Bom velho cérebro, eu sabia que você poderia fazê-lo!

Concordamos em voltar para a fazenda e reavaliar nossos sentimentos.

Na manhã seguinte, subi com Bruce numa parte alta do terreno e ficamos contemplando a fazenda do alto. Dentro de mim, senti os véus das limitações serem rasgados aos pedacinhos e varridos para longe pela brisa. Os sinos interiores estavam tocando e o meu coração martelando no momento em que, finalmente, compreendi — era aquilo mesmo! Aquele *era* o nosso lugar especial. O puro confronto com tudo isso, sua impossibilidade, estava lutando para sobreviver quando Bruce, que estivera vagando mais à frente com a sua câmara, chamou: "Ei, Roadsie! Espere até ver este trecho."

Corri para o alcançar e, quando subi por uma pequena elevação, vi o rio bem debaixo de nós como um enorme colar cintilante cingindo o pescoço de uma luxuriante Mãe Natureza. Era de tirar a respiração!

Bruce e eu compreendemos, simultaneamente, que tudo o que havíamos escrito na prece de concretização estava naquela propriedade. Havia nela mais esplendor e maior abundância do que tínhamos imaginado. Minhas últimas dúvidas, juntamente com todos os pensamentos de subdivisão, desapareceram. Como isso pôde acontecer, eu não sei, mas, por Deus, tínhamos encontrado o lugar, e assim como eu confiara, aconteceu.

Pouco depois estávamos tomando o café da manhã com Jim e Ruby Cleaver, os proprietários. Asseguramos a eles que compraríamos a propriedade, e que visitaríamos Andy para finalizar o acordo. Foi então que Jim deu o tiro de misericórdia nas nossas dúvidas.

"Será ótimo, rapazes, mas uma coisa eu preciso esclarecer. Queremos visitar nossa filha na Nova Guiné logo no começo do próximo ano. Por isso, vocês devem tomar posse no dia 1º de abril de 1977."

A prece de concretização estava completa.

Um pouco mais tarde, no escritório de Andy, assinamos todos os documentos necessários. Quando tudo estava em ordem, ele sorriu satisfeito. "Vocês sabem, rapazes, que a propriedade fora avaliada em 100.000 dólares até dois dias atrás. Jim entrou aqui dizendo que queria vendê-la rapidamente. Por isso, baixou o preço."

Bruce e eu olhamos um para o outro, sabendo que o nosso tempo dando voltas por Noosa Heads não fora desperdiçado. A força que me prendera na região sul de Queensland nos mantivera lá durante um tempo suficientemente longo para conseguirmos chegar ali no momento adequado. Nunca saberei se minhas limitações me deixariam vencer uma barreira de 100.000 dólares!

Fizemos um acordo para pagar os dez por cento de depósito no final de janeiro de 1977 e para tomar posse no pagamento do saldo no dia 1º de abril de 1977.

No caminho de volta para Sidney, Bruce e eu alternamos entre conversas animadas e longos períodos de silêncio, cada um de nós perdido em seus próprios pensamentos. Cada vez mais poderosamente eu era capaz de reconhecer o desdobramento feliz dos acontecimentos anteriores. Eu ainda respirava com dificuldade em face do pensamento de cumprir a minha parte no compromisso de pagar um dinheiro que não tínhamos; se não conseguiríamos, nem mesmo, economizar dinheiro para o depósito, quanto mais para o restante! Minha mente lógica gritava: Você está louco! Mas uma outra voz, interior, sussurrava: Com fé tudo se resolve. Mesmo a combinação de Bruce e eu era, de certa forma, perfeita, pois cada um de nós equilibrava e completava o outro.

Mas a minha mente recuava sem cessar diante da absoluta loucura da nossa situação. Eu tinha certeza de que se Jim Cleaver ou Andy tivessem sabido qual era a nossa verdadeira situação, eles ficariam furiosos! E quem poderia culpá-los? Eu tinha a impressão de que eles teriam muitíssimo menos fé em nossa prece de concretização do que nós tivemos.

A viagem para Sidney pareceu curta, tão absorto eu estava em pensamentos e especulações.

* * *

Tínhamos planejado partir para casa na segunda-feira de manhã, depois de uma noite sob a hospitabilidade de Betty, mas Terrance nos informou que o New Awareness Center estaria realizando alguns cursos no festival Down to Earth, em Canberra, que ocorreria em breve. Será que gostaríamos de ir?

Eu estava numa dúvida dilacerante. Eu não via a hora de voltar para junto de Treenie e das crianças, mas também não queria perder a experiência de um festival como aquele. Decidimos ficar.

Dois dias depois, estávamos em Cotter Dam, a poucas milhas de Canberra, a capital governamental de Oz. Imagine um vale profundo recortado por colinas arborizadas. Imagine um rio límpido e revigorante correndo por dentro e ao redor do vale, e, salpicando copiosamente a área, uma profusão de tendas de colorido brilhante, e você terá o palco montado.

O New Awareness possuía uma área situada apenas a uns poucos metros do rio gelado, estendendo-se contra um pano de fundo feito de rochas. Os dias que se seguiram constituíram, antes de mais nada, uma ligação entre Bruce, eu e o pessoal do New Awareness Center.

Bruce e eu ajudamos nos cursos, conversando a respeito da comunidade Findhorn australiana que pretendíamos estabelecer. Devo deixar bem claro que usávamos a expressão Findhorn australiano para identificar o nosso propósito e a nossa intenção naqueles meses de gestação do nosso projeto. Não estávamos, de nenhuma maneira, relacionados com Findhorn, na Escócia, exceto pelo fato de que havíamos sido inspirados pelo seu exemplo.

Durante aqueles poucos dias em Cotter Dam, fomos abordados por várias pessoas que, mais tarde, se juntariam a nós, notavelmente Anatole e sua família, que planejavam visitar a comunidade Findhorn, na Escócia. Desse modo, as sementes de nossa visão foram semeadas em outras pessoas.

A longa viagem de volta para casa, de Canberra a Mildura, foi muito rápida. Bruce e eu nos revesávamos na direção, nos períodos de dormir, e conversávamos. Estivemos fora por vinte dias, e era maravilhoso voltar para casa. Não gosto de ficar separado de Treenie.

Partilhando de nossas aventuras e de nossas experiências, foi emocionante sentir o abraço de entusiasmo do grupo. Eu, mais do que Bruce, precisava disso. A dúvida e a lógica zombaram de nossos planos; eu precisava de reforços.

Passou-se o Natal. Do lado de fora da casa, equipada com ar-condicionado, estava tão quente e o ar estava tão seco que tínhamos de piscar os olhos rapidamente para manter úmido o globo ocular. Os cães das famílias prostaram-se como uma massa ofegante, mostrando poucos sinais de vida até o entardecer. Até mesmo os mosquitos ofegavam enquanto zumbiam à procura de uma picada, e as moscas quase pararam de voar. Quente, seco e empoeirado — falamos sobre o contraste com a bela Bellingen e o seu rio refrescante!

Recebemos, logo depois do Natal, uma carta de Terrance sugerindo que algumas daquelas pessoas do New Awareness Center se juntassem a nós. Penso que ele considerou revolucionária a sua sugestão mas Bruce e eu já sabíamos que isso seria inevitável.

Pouco a pouco, os dias se passavam, aproximando-se a data do vencimento do nosso depósito de 6.500 dólares. Nesse meio-tempo, um jornal de Melbourne mandou dois repórteres para escrever uma história a nosso respeito. Tentamos compartilhar com eles os nossos sonhos, levá-los a reconhecer a possibilidade da fé como um método viável de concretização, mas suspeito que esses repórteres não tinham a intenção de nos escutar. O que eles queriam era sensacionalismo, e foi isso o que eles escreveram. O artigo resultante, que o jornal publicou com o título "Fé, Esperança e 65.000 dólares", continha pouco mais que uma interpretação distorcida das nossas palavras. No entanto, embora o artigo fosse um insulto à nossa inteligência, pelo menos não era depreciativo, e por isso creio que escapamos com leveza das suas mãos.

A campainha estridente do telefone tocou constantemente durante janeiro. Eram os nossos amigos de Sidney, que queriam saber se já havíamos concretizado o depósito. Isso representou um teste para mim. Se eu nem mesmo sabia como iria acontecer, muito menos saberia como responder às perguntas de outras pessoas.

Eu senti o fardo da responsabilidade de maneira muito aguçada. Enquanto grupo, a fé era elevada e pura. Enquanto indivíduos, a incerteza dominava. Mas Treenie foi uma fortaleza para mim. Nunca parecia entrar em sua cabeça que poderíamos não conseguir o dinheiro, ou que o nosso sonho poderia não se concretizar. Quanto a mim, para ser honesto, esse pensamento raramente me deixava livre; as dúvidas me assustavam.

Mas eu me pendurava nisso. Eu podia inspirar os outros, se não a mim mesmo, e eles, por sua vez, me inspiravam. A coisa toda era loucura, mas funcionou. Nossa força, definitivamente, residia no grupo como um todo. No grupo, havia fé. A fé e a esperança estavam tão juntas, eram tão parecidas e, no entanto, eram tão diferentes. Como indivíduo, não descobri a fé durante esse exercício de concretização. Para mim, ela chegou mais tarde. A fé é um movimento de imensa força interior, e no entanto universal, enquanto que a esperança é também irmã da desesperança. Descobri que o ponto de encontro entre a esperança e a fé é a confiança. A confiança é o cabo por meio do qual agarramos a fé.

Na semana que antecedeu o prazo de vencimento do depósito, eu cheguei a um ponto em que acreditei naquilo que estávamos fazendo. Eu acreditava que aconteceria, mas não podia simplesmente *confiar* no processo. Não podia impedir minha mente prática de tentar entender *como* aconteceria. Penso que a maioria de nós é assim. E não havia nenhuma resposta prática ou lógica. Não tínhamos outra escolha a não ser confiar — simplesmente confiar.

Certa tarde, tínhamos acabado de jantar quando o telefone tocou. Era Anatole, dizendo que estava nos enviando um cheque de 4.000 dólares para o depósito. Poderíamos fazer uso dele? Podíamos, podíamos *mesmo*!

Depois disso, as coisas se juntaram rapidamente. Pam, uma moça que ficara conosco, tinha 2.000 dólares poupados de uma excursão à Europa. Agora, ela os oferecia a nós, confiando acertadamente em que poderíamos reembolsá-la no devido tempo. Treenie e eu mergulhamos rapidamente na nossa minguante conta bancária para dela retirar os últimos 500 dólares, e tínhamos o depósito!

A concretização de nosso depósito afrouxou as garras da dúvida e da lógica, e reafirmou a nossa fé. Estávamos surpresos por descobrir que éramos o nosso próprio milagre. Surpreendentemente, a concretização dessa pequena quantia de dinheiro pôs à prova cada um de nós. Discutindo o assunto, descobrimos que cada um de nós, à sua própria maneira, fora confrontado pelas suas próprias deficiências pessoais.

Não muito antes do prazo de colheita da uva, Art descobriu um comprador para o seu lote. Esse comprador queria tomar posse do lote no dia 31 de março de 1977. Coisas da sincronicidade! Treenie e eu nos dirigimos para Sidney em meados de março, e estacionamos nosso pequeno *trailer* da família na entrada para carros da casa de Betty.

Ao longo das poucas semanas restantes antes de tomar posse da propriedade, todas as pessoas que se juntariam a nós se reuniram. Durante essa época, uma senhora muito rica ofereceu-nos a soma completa de dinheiro para comprar a terra — com uma condição. Nós a discutimos, decidimos que a condição era inaceitável e, polidamente, a recusamos.

Parecia que éramos loucos. Sem a mínima idéia de onde poderia vir o dinheiro, e com o dia do fechamento do negócio se aproximando rapidamente, nós simplesmente recusamos o dinheiro necessário. Todavia, nossa fé, agora, estava mais forte. O dinheiro tinha de estar livre de condições a longo prazo. Não encarávamos o dinheiro como um presente para nós; era um presente para Deus. Éramos idealistas, talvez, mas também éramos definitivamente sinceros.

O dinheiro era um desafio que não podíamos solucionar ou encarar individualmente; por isso, organizamos um encontro. Todas as pessoas que tinham interesse no que estávamos fazendo foram convidadas a participar, mesmo que só estivessem vagamente curiosas.

O encontro se realizou, e nele partilhamos nossas idéias sobre como começaríamos a organizar a comunidade. Estávamos relutantes em trazer à tona o problema real — dinheiro! A oferta espontânea de doações instou-nos a passar uma caneta e uma folha de papel pelas mais ou menos trinta pessoas que estavam na sala. Propusemo-nos a aceitar todas as ofertas de donativos como empréstimos livres de juros. Mais tarde, quando nos estabelecêssemos na terra, as pessoas poderiam fazer uma escolha, decidindo se o dinheiro era um empréstimo ou um donativo. Nesse encontro, e no decorrer dos dois dias seguintes, recebemos promessas de pagamento de 40.000 dólares, uma incrível afirmação de fé no nosso empreendimento comunitário. Gastamos alguns dias febris fazendo o equilíbrio das contas, e finalmente pedindo um empréstimo no banco. No dia 1º de abril de 1977, a propriedade passou a ser nossa. O nome Homeland seguiu-se poucos meses depois. Um ano mais tarde, nossas contas revelaram que um terço do dinheiro que tínhamos coletado eram empréstimos livres de juros, um terço eram doações, e um terço era o empréstimo do banco. Dentro de três anos, estávamos livres de dívidas pela compra de Homeland.

Em 8 de abril de 1977, uma Sexta-feira Santa, os membros fundadores começaram a chegar ao centro que tínhamos concretizado. Para Treenie e para mim, foi a realização de um sonho que começara anos antes, na Tasmânia.

23

Vencido por um batalhador

Um batalhador *aussie* é um homem ou uma mulher que luta contra as probabilidades, considerando a vida uma batalha. Os australianos têm uma grande afeição por essas pessoas, embora essa afeição desapareça se o batalhador supera as dificuldades. Então você cai na síndrome da "Alta Papoula" — mas essa é uma outra história.

Encontrei um tipo batalhador *aussie* numa época em que estava me sentindo um tanto presunçoso. Isso aconteceu antes de fundarmos a comunidade Homeland, durante nossas viagens por Oz. Suponho que todos nós passamos por esses estágios, quando a arrogância nos cega para o fato de que ainda temos muito que aprender. No entanto, a vida geralmente oferece a oportunidade ou a pessoa perfeita para nos ensinar a respeito da humildade.

Sendo um amante da Natureza, eu tinha uma grande coleção de plantas em vasos, a maioria dos quais vendi ou presenteei ao deixar a Tasmânia. Quanto à minha coleção de plantas insetívoras, como eu estava apegado a elas, coloquei-as num recipiente de vidro e levei-as conosco. Cada vez que parávamos num estacionamento para *trailer*, eu colocava o recipiente de plantas ao sol sobre a barra de tração do *trailer.*

Certo dia, já bem adiantados em nossas viagens, paramos num estacionamento particularmente coberto de sombras em Coffs Harbour, de modo que levei as plantas para uma volta ao redor do nosso *trailer,* procurando algum trecho onde houvesse luz do Sol. Quando finalmente as coloquei num local satisfatório, um homem baixo e calvo, na casa dos sessenta anos, aproximou-se de mim, olhando para as plantas com os olhos arregalados.

Já faz muito tempo que a dionéia papa-moscas, com suas mandíbulas alinhadas como dentes, de um vermelho vivo, deixou de ser uma absoluta novidade em Oz, um verdadeiro ímã para os olhos. A dionéia, juntamente com reluzentes dróseras, e algumas *sarracenias purpureas*, que gostavam de se alastrar, tudo isso formava uma coleção bastante bizarra. Daí o meu apego. Na verdade, eu ainda as tenho.

"Meu Deus, companheiro! Nunca vi nada como estas!"

Sua voz soava como um *cockney* que acabara de ser arrancado do som de Bow Bells, uma voz espremida com limão. (Os cockneys nascem dentro do som da igreja de Bow Bells, em Londres.) Era óbvio para mim que ele não tinha cultura. Senti que aquele não seria um dos meus melhores momentos. Sentimentos de superioridade irromperam em mim enquanto eu, orgulhosamente, o instruía a respeito das plantas. Contei-lhe como elas cresciam e como tinham adaptado diferentes métodos de apanhar insetos.

Ele ouvia atentamente, respondendo apenas o suficiente para confirmar sua ignorância e para manter o meu ego bem inflado. Quando eu tinha quase exaurido meus conhecimentos sobre as plantas, esmagando-o com nomes comuns e botânicos, eu estava intensamente consciente de que ele, provavelmente, poderia não se lembrar de nada; porém, o homem não fez nenhum movimento para ir embora.

"O que você vai fazer então, companheiro? Você mora aqui?"

Não foi uma pergunta estúpida, muito embora o *trailer* fosse, obviamente, um pequeno *trailer* de viagem, pois muitos donos de *trailers* eram moradores locais. Saciei sua curiosidade dizendo exatamente como e por que estávamos ali. Mais uma vez, ele ouviu com atenção, acenando com a cabeça vigorosamente, em óbvia admiração.

"Há quanto tempo o senhor mora na Austrália?", perguntei.

"Trinta e cinco anos, companheiro. Não perdi nada de toda essa sua gíria, perdi?" Ele era desordenadamente orgulhoso do seu sotaque.

E depois tudo se desdobrou. A vida chutou-me na barriga, esvaziando o ar que enchera o meu ego, quando o homem contou-me apenas um pouquinho da *sua* história.

"Eu e minha mulher moramos aqui agora. Nós adoramos este lugar. Este parque é o melhor lugar onde já moramos. Dez meses atrás, eu era um alcoólatra. Suponho que eu sempre serei, mas, quero dizer, eu estava bebendo então. Tenho bebido e bebido por vinte anos, desperdiçando meu dinheiro em bebidas e cigarros. Eu fumava quarenta cigarros por dia desde que Deus me conhece."

Fez uma pausa, olhando para mim, fixa e nervosamente. Penso que ele estava na semi-expectativa de que eu lhe dissesse que ele estava se acabando.

"De qualquer maneira, dez meses atrás eu disse a Ada, depois de uma bebedeira realmente pesada: 'É isso aí, garota. Estou quase precisando de ajuda. Se eu não fizer alguma coisa logo, vou ser um que já foi. E então, o que é que vai acontecer com você?'"

Ele olhou fixo nos meus olhos. "Sabe o que mais? Vendi a minha pequena velha cabana onde morávamos, paguei todas as minhas dívidas de bebedeira, comprei um carro e um *trailer*, e viemos de Sidney para cá. Fiquei apaixonado pelo lugar, e tenho morado aqui desde essa época." Aprumando-se ao máximo na sua magreza, ele continuou orgulhosamente: "Sabe o que mais? Desde o dia em que vendi a nossa casa, nunca mais tomei um trago nem toquei mais num cigarro. Como é possível?"

Sem que jamais tivesse compreendido isso, esse homem me reduziu ao meu verdadeiro tamanho. Eu agora o via como um ser humano de igual estatura, uma pessoa a quem eu olhava sem preconceitos ou sem julgamento, e com respeito.

"Penso que é uma coisa incrível." Tomei-lhe a mão e apertei-a calorosamente. "Ouvir a sua história me fez humilde." E eu estava sendo sincero! "Pensei que eu tinha sido muito inteligente superando os obstáculos que tive de enfrentar nos últimos meses, junto com alguns medos pessoais, mas, em comparação com você, meus êxitos são menos do que nada."

Sentamo-nos ao sol e conversamos durante algum tempo, de homem para homem, e eu percebi ainda mais profundamente o alcance da sua vitória. Ele vendeu a casa, desfez-se de todas as mobílias, mudou seu estilo de vida, renovou e reacendeu esperanças em sua mulher, que permaneceu firme ao seu lado, *e* abandonou dois hábitos a que se apegara durante a maior parte da sua vida, os vícios do álcool e dos cigarros — tudo de uma só vez.

Ele era verdadeiramente um homem simples. Suspeito que tenha sido bem-sucedido em resistir às vicissitudes, pois não era inteligente o bastante para conhecer as esmagadoras disparidades que se levantavam contra ele. Ele me ensinou a ser suficientemente humilde para que a vida me alcançasse; ensinou-me que julgar ou outros é algo que somente revela a nossa própria arrogância.

24

O *blues* do concreto

Poucas centenas de milhas ao norte de Coffs Harbour, na costa leste de Oz, tive outro encontro num parque de estacionamento de *trailers*.

Quando chegamos nesse parque, tive dificuldade para estacionar no campo por ter uma das mãos inflamada. Cerca de uma semana antes, tínhamos acampado por duas gloriosas semanas em Noosa Heads. Eu estava destripando e limpando os peixes que Duncan e Adrian pescavam quando um espinho feriu minha mão. Inofensiva brema, quem diria! Todo mundo sabe que os espinhos de uma brema não são providos de veneno, mas, a despeito disso, fiquei com a mão gravemente inchada e latejando, riscada com estranhas e causticantes marcas em toda a extensão da palma. Treenie insistira comigo para que eu fosse a um médico, mas uma semana tinha se passado e eu ainda estava relutante, sendo que, naquela época, minha filosofia era a de nunca ir a um médico enquanto ainda estivesse respirando.

Foi então que, nesse mesmo estacionamento, encontrei um homem aposentado, de sessenta e poucos anos; tinha um jeito impulsivo e amigável, e, obviamente, precisava de alguém para conversar.

Uma vez tendo aceito sua apresentação amistosa, ele falou durante três horas ininterruptas sobre sua principal paixão na vida — o concreto! Estou, realmente, me referindo a paixão. Ele era engenheiro, e construíra pontes e represas pelo mundo inteiro. Morria de amores pelo concreto. Não posso me lembrar de nenhuma outra ocasião, antes ou depois, em que eu me sentisse tão completamente entediado.

Sentamo-nos num banco, sob um sol causticante, minha mão enfaixada e latejando, o calor dançando em ondas nebulosas ao nosso redor, e eu lutei a luta da minha vida apenas para manter os olhos abertos. Havia momentos em que eu partia à deriva, olhando fixamente para ele através de olhos envidraçados e desfocados, esperando, em vão, que o jorro torrencial de palavras cessasse. Era tal o entusiasmo do homem que sua voz se elevava vários decibéis e suas palavras prosseguiam com toda a energia de alguns daqueles rios que ele deve ter represado. Ouvi tudo o que havia para se ouvir a respeito de tipos e de misturas de concreto, o quando, o como e o porquê de todas as misturas já conhecidas. Todas essas informações entravam por um ouvido, ribombavam de um lado para o outro e despencavam pelo outro ouvido.

Quando, depois das três horas mais longas, mais quentes e mais estupidificantes de toda a minha vida, ele, subitamente, fez uma pausa, tomou fôlego e perguntou o que tinha acontecido com a minha mão, eu estava completamente despreparado para dar uma resposta.

Batalhando para abrir caminho através de uma neblina de exaustão, de completo tédio de concreto, bocejei para ele, estupidamente, enquanto me esforçava para superar o meu torpor. "Oh! O quê? Ah — a minha mão? Oh, sim — está inflamada."

"Como isso aconteceu?", perguntou, gentilmente.

Então contei a ele toda a triste história, com todos os detalhes.

"Venha comigo", disse ele. "Minha mulher tem uma poção antiga que pode resolver isso para você." Assim dizendo, levantou-se de um salto e caminhou animadamente a passos largos, como se tivéssemos acabado um papo de cinco minutos. Levantei-me com dificuldade e o segui.

Quando alcançamos o seu furgão, minha mente ainda sacudia como um misturador de concreto. Sua mulher examinou a minha mão com um cuidado e uma preocupação maternais. Ela me olhou de uma maneira que eu considerei como simpatia quando o marido lhe contou que estivéramos conversando um *pouco*. "Suponho que este ungüento de basilicão vai curar isso", disse ela, preparando uma fina camada de algo que parecia um piche espesso.

Emplastrando a mistura pegajosa por toda a minha mão, ela colocou de novo as ataduras. "Agora, vejamos como você ficará", disse com grande preocupação. "Tenho a certeza de que este ungüento resolverá. Ele puxará para fora o veneno num piscar de olhos."

Você acreditaria nisso? Na manhã seguinte, quando retirei as faixas, a inflamação e as estrias vermelhas do veneno haviam desaparecido junto com a maior parte do inchaço. Eu estava aliviado e contentíssimo. Eu até animei o homem do concreto para que dissesse à sua mulher que maravilhosa dama era ela.

Parece uma maneira bastante tortuosa de ficar curado, mas eu não era o único que precisava de atenção. Ouvindo, ou tentando ouvir, um homem solitário falar sobre sua paixão vitalícia pelo concreto, eu me entreguei a ele. Por sua vez, a mulher dele me retribuiu. Ambos recebemos a cura adequada. Definitivamente, uma boa troca, considerando-se todos os fatos.

25

Perdão, não consigo escutá-lo

Até que ponto você é bom para escutar? Eu nem sempre fui muito bom nisso. Podia ouvir, mas não escutava realmente.* Escutar diz respeito à atenção; ouvir diz respeito aos ouvidos. Mesmo enquanto digito estas palavras, posso ouvir os trabalhadores cavando, perto daqui, valas para drenagem, mas não os estou escutando. Ouço o som das vozes, o som do trabalho, todos os sons que meus ouvidos são forçados a receber. Digo isso para enfatizar a diferença entre escutar como um participante ativo e ouvir sem envolvimento.

Quando Treenie e eu trabalhávamos no campo na Tasmânia, nosso dia de trabalho começava às cinco da madrugada e, se tivéssemos sorte, terminava mais ou menos às sete da noite. Exceto, naturalmente, em períodos de coleta do feno, de parto dos animais e outros períodos de pico. Todo esse trabalho e nossas contas não-pagas exerciam uma enorme pressão sobre mim. Durante a maior parte do tempo eu estava preocupado, física e mentalmente; por isso, não dispunha de tanto tempo para me dedicar às crianças quanto gostaria de ter. Em muitíssimas ocasiões, lembro-me de Duncan ou de Adrian puxando minha manga, tentando chamar a minha atenção: "Papai. Papai, você não está escutando", diziam eles. E eu respondia: "Sim, estou; posso te ouvir."

Estávamos ambos corretos, mas eles o estavam muito mais do que eu. Eu, de fato, podia ouvi-los; porém, não os estava escutando. Eu não

---

* Em português, não é tão nítida essa diferença de sentido entre os verbos *escutar* (em inglês, to listen) e *ouvir* (to hear).

sabia *como* escutar. Eu nem mesmo sabia que escutar era diferente de ouvir. Involuntariamente, eu aprendera, na escola, como não escutar. Os professores eram tão estúpidos, tão pesadamente desprovidos de imaginação que eu costumava colocá-los fora de sintonia. Não escutá-los deixava-me com tempo livre para construir castelos no ar, o que me ajudou a conservar a minha saúde mental. Eu podia, no entanto, *ouvir* a voz do professor como um som de fundo grave e monótono.

Confesso que foi quando eu estava na casa dos quarenta anos que, finalmente, comecei a compreender o que realmente implicava o escutar. Um dos fatos que me indicaram isso ocorreu quando fiz uma conferência para um grupo de pessoas em Brisbane, capital de Queensland. Depois da minha palestra, várias pessoas, entusiasmadas, aproximaram-se de mim.

"Michael, eu não sabia que você é um seguidor de Krishnamurti", disse um deles. (Eu não sou, embora tenha lido um de seus livros.)

"Puxa, foi algo realmente belo ouvir você falando a partir dessa perspectiva cristã. Que igreja você freqüenta?", perguntou outro. (Eu não freqüento mais igrejas. Prefiro uma linha direta de comunicação!)

"Michael, seu gozador! Você nos disse que ia falar do *Course of Miracles*", disse um amigo. (Eu não falei. Eu nunca li *Course of Miracles* nem freqüentei nenhum de seus cursos.)

"A influência iogue é muito forte em você", disse um estranho, "embora esteja misturada e combinada com o Tao." (Eu conheço muito pouco a respeito de ioga, e, assim como no caso do caminho do Tao, posso apenas respeitar a ambos pelo que eles têm para oferecer.)

"Você, obviamente, teve um treinamento neurolingüístico", disse um outro estranho. (Foi a primeira vez que eu ouvi essa palavra!)

Fiquei pensativo quando voltei para casa nessa noite. Como foi que cada uma daquelas pessoas ouviu uma filosofia bem diferente das outras em minhas palavras? Eu falei, como sempre, somente a partir da minha própria experiência, da minha vida e do meu modo de viver, e nada mais. Vim a compreender que aquelas pessoas que falaram comigo depois da minha conferência tinham me ouvido através do arcabouço de suas próprias filosofias ou crenças. Em essência, tudo o que eu disse foi mentalmente traduzido num formato que elas podiam achar aceitável e familiar. Chamo a isso audição de segunda mão. E percebi com igual clareza que eu fazia exatamente a mesma coisa quando "escutava" um orador.

Essa experiência representou para mim um momento decisivo. Finalmente, aprendi que escutar é uma participação ativa, algo que envolve o poder do momento, e o poder e o propósito dos participantes.

Treenie também passou por um momento decisivo com relação ao escutar. Conforme suspeito, a menos que estejamos treinados para escutar, todos nós temos esse momento especial em que o escutar consciente nos leva para mais perto do comunicador. E, infelizmente, há os que nunca aprendem a escutar. Escutar requer certa humildade, e nós, seres humanos, estamos inclinados a ser deficientemente humildes.

Para Treenie, isso aconteceu quando morávamos na comunidade Homeland. Ela estava muito envolvida no trabalho de escritório, na administração do dia-a-dia, em ser uma esposa, no crescimento pessoal, e em ser mãe. Mas vivia tão ocupada que era cada vez mais difícil para as crianças ganharem a sua atenção. Você sabe como é isso: mamãe, mamãe, MAMÃE", sem parar, até que conseguiam os resultados desejados. No entanto, certo dia isso mudou.

Em vez de entoar o costumeiro: "Mamãe, mamãe", Adrian disse: "Treenie", e conseguia dela imediata atenção. Treenie ficou chocada. Naquele momento, ela compreendeu que as crianças faziam parte do pano de fundo sonoro que ela, realmente, não escutava. As pessoas que ela escutava eram as pessoas que a chamavam de Treenie.

Como Adrian sucintamente explicou: "Você escuta os adultos, mas quase nunca ouve a nós, as crianças." Agora, como pai de minhas duas queridas netas, ele terá de aprender a mesma lição.

O poder de escutar é muito simples. Se escutamos uma criança, um rio, uma música, uma queda-d'água ou uma fonte, o que quer que seja — se realmente escutamos — então estamos plenamente no momento e vitalmente ligados com a energia da vida, que é o poder do momento. Escutar nos liga com o "poder do agora". Abre-nos para a descoberta. Abre cada um de nós para um relacionamento novinho em folha com outras pessoas, com nós mesmos e com a vida. E tudo o que precisamos fazer é *realmente* escutar. Tente isso. Certamente, é uma coisa simples, mas poderosa o bastante para transformar a sua vida.

26

Situações embaraçosas

Quando, na década de 70, descobri que uma certa maneira de pensar ou de se relacionar com a vida foi chamada de "alternativa", fiquei verdadeiramente perplexo. Ainda estou. Como pode o desejo de uma pessoa por florestas verdes, por ar limpo e respirável, por água potável, por alimento puro e sadio, e por paz ser uma coisa alternativa? Alternativa em relação a quê? — a solo erodido, a ar poluído, a água contaminada, a alimento misturado com aditivos químicos e guerra? É isso o que agora é aceito como normal?

Passei por um período de rancor com relação a esses problemas, mas isso também foi superado. Meu compromisso com o crescimento interior e a consciência expandida transportaram-me através e para além da minha cólera. Para mim, as assim chamadas alternativas de hoje são, na verdade, as coisas adequadas de amanhã. E o amanhã chegou! Estou convencido de que proteger as florestas, ajudar a produzir ar limpo, água pura e alimento saudável, e desejar a paz são coisas adequadas. Qualquer outro pensamento é radicalmente alternativo.

Quando Treenie e eu nos achávamos no auge da nossa transformação interior, estávamos muito entusiasmados a respeito da nossa nova maneira de pensar. Algumas pessoas chamavam isso de pensamento "New Age", e eu até posso concordar. Embora eu não esteja certo de que alguma coisa seja verdadeiramente "nova", essa designação aponta para a diferença entre velhos e novos meios de expressão. Para mim, a velha expressão se relaciona com a vida em termos de separação e de culpa, enquanto que a nova abrange totalidade e responsabilidade. Essa filosofia não conflita com o pensamento religioso, mas fornece uma maneira de

Então, uma coisa curiosa aconteceu. À medida que ele me libertou e eu me afastei para trás experimentei um dos mais poderosos solavancos de simpatia que senti com qualquer outro ser humano. E ele também sentiu isso. A empatia entre nós foi tão forte que era como se eu estivesse dentro dele, com ele, conhecendo-o — todavia tínhamos apenas acabado de nos conhecer.

Em silencioso assombro, escutei e observei-o enquanto ele me apresentava sua sétima mulher, um verdadeiro nocaute, pelo menos quarenta anos mais nova do que ele; seu décimo segundo filho, um rapaz encantador; e me mostrava as quase apagadas cicatrizes de sua quarta cirurgia plástica no rosto! Durante a maior parte dessa apresentação, eu estava praticamente sem fala, imaginando onde é que eu tinha me metido. Tudo o que Chubby fazia era acompanhado pela sua exuberante energia. Quando, a seu convite, o segui pela casa e fui em direção à varanda, ele fez um gesto para que eu me acomodasse num assento confortável. Fiquei em pé, admirando a vista que se descortinava, mas ele saltou no ar, estatelando-se em sua cadeira com um choque que reverberou através de toda a casa.

"Bem, Mike", ribombou ele, "suponho que você esteja querendo saber o que eu fiz na minha vida." Ele me olhou especulativamente. "Sente-se, sente-se", ordenou, apontando para a cadeira que estava à sua frente.

Sacudi a cabeça: "Vou ficar um pouco em pé. Passei muito tempo no carro."

Chubby olhou-me diretamente nos olhos. "Bem, vou lhe dizer. Sou um *gangster* aposentado. Passei os últimos quinze anos como 'maleiro'."

Sentei-me, ou melhor, desabei sobre a cadeira, como se tivesse sido baleado. Minha voz, quando emergiu, assemelhava-se a um grunhido patético.

"Ah — o que é um 'maleiro'?"

Ele me explicou que "maleiro" é alguém que coleta dinheiro proveniente de vários negócios suspeitos para pagar a polícia a fim de que ela finja que não vê essas operações ilegais. Durante as duas horas seguintes, escutei um ininterrupto resumo da história da vida de Chubby. Ele não mencionou nomes, mas contou-me a mais horrenda saga de uma vida desperdiçada que eu já ouvi. Quando criança, tinha sido treinado para roubar no orfanato onde estava enjaulado — não residente, não hospedado, mas enjaulado. Ele e as outras crianças que viviam lá sofriam abusos sexuais e eram regularmente espancadas. Eram degradadas e preparadas para o crime, e, como seria de se esperar, muitas delas tornaram-se produtos de seu condicionamento e do seu treinamento.

Chubby tinha sido *gangster* e proprietário de um clube noturno. Lidara com prostituição e com drogas, com roubos e com violência durante toda a vida. Isso era tudo o que ele conhecia. Enquanto contava isso, levantou a camisa por cima de sua enorme barriga e mostrou-me as rugas das cicatrizes de várias facadas, e outra no peito, por onde uma bala lhe entrara no corpo. Nem por um momento sua voz caiu um decibel sequer abaixo do berro entusiasta, à medida que ele continuava a detalhar horríveis episódios um após outro.

Falou-me a respeito do seu código moral, algo do qual se orgulhava. Quando jovens garotas que tentavam entrar na prostituição vinham ao seu clube, ele as enviava ao seu escritório. Se elas estivessem abaixo da idade aceitável do ponto de vista *dele*, ele lhes oferecia uma refeição. Enquanto elas estavam comendo, ele combinava com um dos grupos de assistência social para que apanhasse as garotas quando elas deixassem o clube. De acordo com Chubby, eles conseguiam reunir várias centenas de garotas adolescentes, e muitas outras mais novas ainda. Aparentemente, a maioria delas era persuadida a voltar para casa.

Enquanto Chubby falava, meus pensamentos saíam à deriva. Em nome da estupefação, que diabo eu estou fazendo aqui? Será que isso tudo está realmente acontecendo? Será que eles têm uma "câmara escondida" em Oz? Como vou me desembaraçar disso tudo? Michael, dessa vez você realmente conseguiu! Seria eu capaz de escrever essa história? Sim, seria, devido àquela estranha empatia que havia entre nós. Empatia com um *gangster*? Meu Deus, e depois?

"E então, o que você acha?", perguntou-me abruptamente.

"Você poderia repetir essas últimas palavras?", disse eu.

Finalmente, ele se lançou num apaixonado apelo para que eu escrevesse a sua biografia, enquanto eu tentava imaginar uma maneira de cair fora. De repente, como o brilho de um raio de sol, aquele momento de inspiração da genialidade emergiu à superfície, e eu o agarrei com ambas as mãos.

"Suponho que lhe disseram que eu sou um autor conhecido", disse eu, suavemente.

"Sim. Sim, me disseram", acenou ele com a cabeça, vigorosamente.

“Bem, lamento que isso não seja verdade”, disse eu, tentando não parecer convencido. “Escrevi um livro, mas é apenas um livrinho. Um livrinho que alguém como você jamais notaria.”

“Qual é o assunto do livro?”, perguntou, estampando no rosto um claro desapontamento.

“Um livro sobre jardinagem.” Pronunciei a palavra “jardinagem” como se ela resumisse as profundezas absolutas do assunto.

Ele parecia desinflado. “Qual é o nome do livro?”

A essa altura, eu já estava me sentindo aliviado, antevendo uma rápida vitória. “*A Guide to Organic Gardening in Australia*” [Um Guia de Jardinagem Orgânica na Austrália], respondi.

Chubby olhou-me pasmado e com os olhos saltados. Seu rosto transformou-se como se ele tivesse visto *a* luz, ou escutado *a* palavra. Levantou-se da cadeira reclinada onde se afundara, como se tivesse sido ejetado, e eu juro que seus pés já estavam correndo antes mesmo de terem tocado o chão.

“Sweetie! Sweetie!”, berrou, desparafusando-se da varanda e precipitando-se para dentro da casa. “É *ele*, é *ele!*”

Nesse momento, eu também dei um salto, olhando com ansiedade ao meu redor. Eu sabia que aquele local era o remoto esconderijo de Chubby, e que vários de seus antigos sócios ficariam muito satisfeitos em saber onde ele estava. Por um momento, pensei que a visão de Chubby tivesse captado a imagem de um daqueles cavalheiros. Talvez alguém que estivesse à espera de melhorar a ventilação no peito de Chubby, ou de oferecer a ele alguma cirurgia imediata e violenta — mas não havia ninguém à vista.

Desnorteado, segui os passos de Chubby descendo o *hall*, e olhei cautelosamente para dentro da cozinha. Sweetie sorriu para mim como se eu fosse um morto milagrosamente ressuscitado. Minha estupefação não diminuiu quando Chubby agitou um dedo, apontando-o como uma faca na minha direção, precipitou-se sobre mim, e, para minha consternação, me abraçou de novo, mas com um fervor muitas vezes intensificado.

“É ele! É ele”, rugiu no meu ouvido.

Foi só então que entendi o que se passava. Percebi que “ele” era, na verdade, eu.

“O que foi que eu fiz?”, consegui pronunciar quase sem voz.

Num berro atroador, Chubby contou-me que ele e Sweetie tinham visitado recentemente um outro "sócio aposentado", que morava ainda mais longe no interior do vale. Para sua surpresa, eles depararam com um magnífico jardim de flores, arbustos, árvores e verduras, todos eles sendo cultivados organicamente. Como teria o amigo aprendido a produzir um espetáculo tão magnífico?

"É fácil", ele lhes disse. "Apenas comprei um livro chamado *A Guide to Organic Gardening in Australia*, e segui suas instruções. É tão simples de compreender que até mesmo eu pude fazê-lo."

Esperto que sou!, pensei.

"Você *vai* escrever o meu livro, Mike; sei disso", disse Chubby. "Você foi enviado por Deus para fazê-lo."

Paralisado pela súbita mudança dos acontecimentos, com a inspiração em frangalhos, retirei-me para a varanda.

Havia apenas um caminho a seguir; portanto, com a ajuda de uns drinques, confrontei com Chubby diretamente. "Não posso fazê-lo, Chubby. Não tenho as habilidades que você exigiria de mim, e nem mesmo saberia como começar."

Antes que as palavras tivessem saído completamente da minha boca, Chubby sacudia os braços para interrompê-las. "Você *pode* fazê-lo", gritou ele. "Você *tem de* fazê-lo. Os livros serão uma *exposé* sobre toda a corrupção em que estive envolvido."

"*Livros*", suspirei. "Livros, como se fosse preciso mais do que um!"

"Claro! Serão dois livros. O primeiro irá até a época em que eu tinha vinte e cinco anos e o segundo cobrirá o restante da minha vida. Você terá de se encontrar com os meus ex-associados. Eles poderão confirmar a minha história; eles poderão mostrar a você o lado íntimo das tramas desonestas e da corrupção em que estive envolvido."

"Isso é absolutamente ridículo", explodi. "Colocar-me entre pessoas como essas seria o mesmo que colocar um cordeiro numa matilha de lobos. Não tenho a aptidão correta para abordá-los. Eu seria um inocente entre os corruptos."

"Eu sei! Eu sei! É isso o que eu quero. É assim que deve ser. Você seria imparcial. Pense em todas as moças jovens e inocentes que você poderia salvar da corrupção. Seria honesto se você escrevesse isso. Tem de ser honesto." Ele me olhou de modo calculista. "Pense nessas pobres garotas sobre as quais eu lhe falei. Se você escrevesse um livro honesto, poderia ajudar os outros a se compadecerem delas."

"Por que esse súbito desejo de honestidade?", perguntei. "Você viveu desonestamente durante toda a sua vida. Por que ser honesto agora? Que diferença isso fará? Por que você mesmo não escreve os livros e continua mentindo tanto quanto queira? Certamente, você deve ser bom nisso!" Eu estava ficando corajoso.

Uma expressão de choque profundo transformou o rosto de Chubby, e, para minha absoluta surpresa, ele começou a chorar. As lágrimas desciam, num fluxo copioso, por suas bochechas tumefatas. "Minha mãe foi para o seu leito de morte acreditando que eu era um mentiroso", disse ele chorando, e eu *nunca* menti para ela. Posso tê-la enganado uma ou duas vezes, e talvez roubado algumas coisas, mas nunca, nunca menti para ela." Seus ombros sacudiam à medida que sua indignação apaixonada transbordava.

Nesse meio-tempo, eu tinha quase superado o choque, e começava a sentir que me achava, definitivamente, numa posição superior. "Sinto muito, Chubby. Se você quer honestidade, eu, honestamente, não creio que possa fazê-lo. Por mais que me perturbe pensar em pessoas como essas jovens garotas corrompidas, isso está fora, totalmente fora da minha área de experiência. Não tenho as habilidades necessárias para interrogar e para extrair o tipo de informações de que precisaria." Sorri compassivamente.

"Eu lhe pagarei vinte mil dólares para escrevê-lo. Adiantarei a metade desse valor no momento em que você disser que o fará. Dar-lhe-ei mais cinqüenta por cento dos direitos do filme e um generoso pagamento do direito autoral para cada livro vendido." As lágrimas tinham desaparecido magicamente. Com um olhar astuto, ele observou minha reação.

Eu engoli em seco. Eu estava quebrado, estava literalmente quebrado. "Vou pensar a respeito disso", eu me esquivei, em meio a visões de um imediato flutuar de dez mil dólares na minha imaginação, como lírios brancos num lago.

Com dificuldade, fazendo um esforço de alavanca, eu me afastei de Chubby, da sua exuberância, de seus braços e, finalmente, da sua casa. Junto do meu carro, ele me deu outro abraço de urso de despedida, no momento em que um pato da fazenda bamboleava passando perto de nós. Ilusoriamente gordo, Chubby curvou-se e agarrou o pato, tudo numa única suave seqüência de movimentos.

"Aí está você, Mike. Você leva este pato para selar a nossa amizade", disse ele com completa sinceridade, empurrando-o em meus braços sem admitir resistência. Meu cérebro estava cerca de meio minuto atrasado com relação à ação. Num estado de torpor, peguei o pato, subi no carro e dei marcha à ré na entrada para veículos. Enquanto guiava o carro de volta para casa, o pato olhou para mim, pensativamente, abriu o bico e disse o que ambos sabíamos: "Quack!"

"Você está certo", respondi. "Sou quackers!"

Precisei de mais de uma hora para contar a história a Treenie. Quando terminei e descrevi a muito lucrativa oferta em dinheiro, perguntei: "Como você se sente a respeito disso? Dez mil dólares viriam bem a calhar."

"Não!" Treenie foi inflexível. "Definitivamente, não. Não quero vê-lo misturado com criminosos e com *gangsters*. Não me importa quanto de dinheiro ele tenha oferecido a você."

"Beleza! Fico contente por você ter mantido uma mente aberta", brinquei.

Recusei tomar uma decisão rápida, mas, durante os poucos dias seguintes, todos os meus instintos eram no sentido de rejeitar a oferta. Finalmente, decidi recusá-la. Enquanto atravessava o jardim e caminhava para dentro de casa, para escrever a Chubby uma carta, minhas costas, repentinamente, cederam, e o meu corpo desmoronou. Fiquei estendido com um de meus periódicos ataques de dor nas costas, embora tivesse melhorado rapidamente. Entretanto, durante o tempo em que fiquei deitado de costas naqueles poucos dias, eu não podia deixar de pensar que minhas costas tinham, efetivamente, me impedido de escrever a carta para Chubby. Por isso, levei o assunto um pouco mais em consideração.

Comecei a pensar que, talvez, no final das contas, eu pudesse escrever os livros. Talvez um livro que revelasse a ligação de Chubby como "maleiro" com a polícia poderia fazer algum bem. Possivelmente, exporia a corrupção da polícia; isso poderia fazer algum bem. Quanto mais eu pensava sobre isso, mais convencido eu ficava de que resultaria algo de bom se eu escrevesse os tais livros.

Pensei a respeito do dinheiro, ressuscitando uma lembrança desconcertante. Apenas uma semana, ou quase isso, antes de todo esse episódio começar, eu disse a um amigo que eu não poderia ser comprado. Ele acreditava que todas as pessoas tinham um preço. Eu tinha sido inflexível dizendo a ele que eu não tinha um preço. Eu estava agora prestes a ser comprado por vinte mil dólares? Olhei honestamente para dentro de mim, da minha própria integridade. Não, não era o dinheiro. Todo esse repensar viera depois de eu ter decidido rejeitar a oferta, e então a vida me golpeou impiedosamente. Estaria a vida indicando que eu deveria seguir em frente?

Nessa noite, tive um sonho. Embora sonhos realistas e vívidos façam normalmente parte da minha vida, esse foi muito estranho. Sonhei com o Diabo. Nunca sonho com diabos. Nem mesmo acredito neles. No entanto, nesse sonho, o Diabo estava conversando com alguém ou com alguma coisa que eu não podia ver. Era como se eu estivesse, acidentalmente, ouvindo secretamente o Diabo.

O que fez tudo isso ainda mais peculiar foi o fato de que eu estava bem acordado durante o sonho, com meus olhos abertos para a luz da manhã. No entanto, eu ouvi o Diabo claramente, e isso foi uma revelação.

"Esse parasita diz que não pode ser comprado", disse o Diabo, "e, olhando para dentro dele, vê-se que ele está certo enquanto se trata de dinheiro. Mas cada parasita tem o seu preço. Você sabe o preço desse tolo? Deixe-o acreditar que ele está fazendo o 'bem' — esse é o seu preço. Cada parasita tem o seu preço. Vou desviá-lo do seu caminho verdadeiro e escolhido. Eu o levarei a uma cruzada de 'fazer o bem'."

Sentei-me quase num salto, em choque, com as palavras ecoando na minha cabeça como se elas tivessem sido pronunciadas muito alto. Embora eu não tivesse uma pista sobre qual seria o caminho escolhido, nesse momento eu sabia com absoluta certeza qual não seria o caminho.

Levantei-me da cama, tomei uma ducha e me vesti, e então escrevi para Chubby polidamente, recusando sua oferta. Eu desejava que ele ficasse contente quando o *verdadeiro* escritor aparecesse. Enquanto escrevia, dei uma olhada ao meu redor. "Ok, Diabo", disse eu gentilmente, "da última vez você me atingiu nas costas. Se quiser deter-me desta vez, você vai precisar me atingir no topo da cabeça — exatamente agora." Esperei, não acreditando que acontecesse. E não aconteceu.

E mais uma coisa: não comemos o pato. Ele virou um bicho de estimação da família!

28

Bem, muitíssimo obrigado!

Eu era um jovem forte e robusto com dezessete anos, não tinha medo do trabalho, mas era dado a devaneios. Na época, morava com meus pais em Trumpington, uma aldeia a cerca de doze milhas da nossa fazenda. Tínhamos lá uma grande horta, e um dia fiquei em casa para cavar, à moda antiga, com uma pá — a única maneira que eu tinha de fazê-lo, devo acrescentar.

Eu gostava de cavar. Era uma ação rítmica, algo assim como uma poesia física, e era para mim profundamente satisfatória. No primeiro quarto de hora, um movimento gracioso e repetitivo me apanharia, e eu poderia então revirar o solo, hora após hora, quase sem parar, tão sustentador era o fluxo de energia. A pá e eu tornavamo-nos uma coisa só nessa atividade antiqüíssima. E eu achava estimulante o contato com o cheiro doce da terra, e a visão do solo recém-revirado era de uma constante fascinação. Portanto, quando nosso vizinho aposentado, que morava pegado a nós, o sr. Allen, mostrou sua cabeça por trás do muro do jardim e me ofereceu uma libra para cavar sua horta, aceitei imediatamente. Eu sabia que essa tarefa poderia ser facilmente realizada num dia completo de trabalho, e uma libra era um salário semanal normal para mim. Papai não fez objeções e, portanto, aceitei a tarefa.

Dois dias depois, de volta à nossa fazenda, mostrei a nota de uma libra para Stan, com quem eu estava trabalhando. "Está vendo isto?", disse a ele. "Trabalhei duro para consegui-lo. Se alguém merece isto mais do que eu, pode ficar com ele." Foi uma dessas imprudentes e tolas afirmações da juventude.

Ele olhou para mim, pensativamente, com um brilho nos olhos. "Você se lembra de ter visto, na semana passada, na loja local, aquela velha paralítica na cadeira de rodas? Ela estava tentando entrar pela porta quando eu saía."

"Sim, lembro-me dela. E daí?"

"Ela merece essa nota de uma libra mais do que você", disse ele astuciosamente, "pois ela não tem dinheiro algum. Eu sei disso."

"E o que leva você a concluir que ela o *merece* mais do que eu?"

"Porque você pode trabalhar e ganhar mais, e ela não pode."

Olhei surpreso para ele, com minhas palavras ecoando na minha cabeça. Eu sabia que ele tinha razão.

"Está bem, ela pode ficar com ele. Mas com uma condição. Você tem de entregar o dinheiro a ela; não eu."

"Por que não?", ele perguntou.

"Porque eu ficaria muito embaraçado. Eu não farei isso. É você que deve dá-lo a ela, ou então eu fico com ele."

Ele estendeu a mão. Eu vi a minha nota de uma libra arduamente ganha desaparecer no seu bolso. Eu e minha língua comprida, pensei. Eu a tive na mão apenas por menos de um dia! Mas, no íntimo, me sentia bem com isso.

Nenhum de nós sabia onde a velha morava; por isso, concordamos que Stan lhe daria o dinheiro na próxima vez que a visse na loja local, pois ambos eram fregueses regulares dessa loja. Contei ao meu pai sobre isso no caminho para casa. Ele me olhou de um modo estranho, mas não disse nada.

Três dias depois, Stan contou-me que vira a mulher paralítica na loja, na tarde anterior. Deu a ela a nota de uma libra, contou-lhe a história que a acompanhava e confortou-a quando ela irrompeu em lágrimas.

"Deus me ajude", disse ela chorando. "Você sabe que tudo o que eu tenho é apenas um pence e meio?" E ela chorou ainda mais. Disse que entrara na loja para comprar duas coisas baratas, sem saber como iria pagar por elas. A nota de uma libra era mais dinheiro de uma só vez do que ela tinha visto em mais de um ano.

Quando ouvi tudo isso, me senti muito bem. Na verdade, senti-me muito melhor do que se tivesse gastado a libra comigo mesmo.

Poucos dias depois, Stan e eu levantamos os olhos dos nossos trabalhos e vimos a velha subindo vagarosamente o longo caminho da fazenda, pedalando sua cadeira de rodas com mãos e braços. Quando ela nos alcançou, apresentou-se como srta. May Hazell. Ela viera para nos agradecer.

Constatamos que a srta. Hazell era uma robusta senhora do Extremo Leste de Londres. No decorrer da nossa conversa, em que procuramos conhecê-la, ela nos contou que fora motorista de ônibus durante a Segunda Guerra Mundial e que havia sido uma bomba que a deixara paralítica da cintura para baixo — deixando-a também zangada e amargurada.

Ela estava tão emocionalmente paralítica como o estava fisicamente, mas, por alguma razão perversa, a maior parte da sua amargura, cáustica e sarcástica, era dirigida para mim. E embora ela me amasse pelo que eu tinha feito por ela, ela me odiava pelo fato de precisar dessa ajuda.

Devido à minha nota de uma libra, Stan e toda a sua família se interessaram pelo bem-estar de May Hazell, como também o meu pai. Sob a nossa influência coletiva, ela encontrou uma nova casa e conseguiu uma cadeira de rodas motorizada. Suspeito que papai pagou por isso. Minha contribuição foi a de comprar para ela uma tonelada de carvão a cada inverno, para mantê-la aquecida.

Quando Treenie e eu nos casamos, May Hazell nos visitava com freqüência. Ela adorava Treenie, mas ainda me tratava como uma escória. Isso se tornou tão ostensivo que acabou virando brincadeira. É estranho, mas eu não me sentia particularmente ferido pelo seu considerável rancor com relação a mim. Seu pensamento não era exatamente de molde a exigir o meu respeito. Ela era membro do Exército da Salvação e, embora eu só tenha admiração por tudo o que eles se propõem, ela não era o seu maior exemplo de amor leal!

Certa tarde, ela estava dizendo, na sua fala empolada, como odiava os foguetes que "eles" estavam enviando à Lua. (Ela se referia aos perversos norte-americanos.) "Os foguetes são obra do Diabo", dizia ela.

"Por quê?", perguntei gentilmente.

Ela se voltou para mim com sua costumeira cólera. "Porque eles farão buracos no céu à medida que o forem rasgando em seu caminho para a Lua. Todas as pessoas boas cairão fora e serão completamente mortas outra vez. Eu lhe digo: isso é obra do Diabo!"

Que poderia eu dizer?

Depois de uma determinada visita, quando tive de suportar um açoite de língua incomum em seu fervor cáustico, até mesmo para ela, eu me virei para Treenie. "Por que me aborreço com ela?", perguntei. "Por que não digo a ela, simplesmente, para ir para o diabo que a carregue?"

Digo a vocês, Treenie foi especial desde o momento do nascimento. Colocou seus braços em volta de mim, dizendo: "Querido, você a suportou com resignação e continua a ajudá-la porque você está mostrando a você mesmo suas maiores virtudes. Você faz isso porque se preocupa, e não porque precisa da aprovação ou da amizade dela."

Olhei para ela ceticamente, mas ela estava perfeitamente séria. Mais tarde, quando pensei a respeito disso, compreendi que sua conclusão era notavelmente precisa. Continuei a ajudar May Hazell, sem levar em conta a maneira como ela me tratava, pois eu tinha trazido à luz um profundo veio de compaixão dentro de mim.

Nessa idade impressionável, suspeito que se May Hazell tivesse dito a mim o quão bondoso e maravilhoso eu era, com o mesmo vigor com que ela me desprezava e me rejeitava, eu poderia ter-me apegado ao elogio.

Sua rejeição me levou para mais fundo dentro de mim, para além da ilusão da vaidade, revelando um profundo núcleo de compaixão baseado no amor pela humanidade, mais do que na atração de personalidades. A dádiva que ela me ofereceu foi simples, mas foi uma dádiva oculta. Descobri-la revelou o meu poder, pois o nosso verdadeiro poder reside na compaixão e no amor.

29

Em harmonia com a Natureza

Em geral, a humanidade desenvolveu-se longe da Natureza. Tornamo-nos agressores, procurando dominar e subjugar a Natureza que nos circunda, em vez de nos integrarmos com ela. Naturalmente, agora que os seres humanos estão ficando ambientalmente ameaçados, estamos procurando fazer mudanças na nossa atitude e na nossa abordagem; mesmo assim, nossa mudança está presa com os laços do ceticismo e da relutância. Como espécie, reagimos agressivamente em vez de responder de modo inteligente. Suspeito que, nas mudanças que temos induzido, esta, mais do que qualquer outra, é a lição que temos de aprender: dedicarmo-nos aos problemas com os quais agora confrontamos com inteligência e sem medo.

Quando me dediquei à agricultura, na Tasmânia, tornei-me um dos principais agricultores orgânicos daquele Estado, e aprendi de primeira mão a respeito do cinismo. Cerca de quinze anos atrás, no encontro para promover o lançamento do meu primeiro livro, *A Guide to Organic Gardening in Australia*, fui várias vezes apresentado como o jardineiro "alternativo" com idéias radicais. Pode você imaginar isso? No entanto, há dois anos, publicando a versão reescrita, ampliada e atualizada do livro, *The Natural Magic of Mulch*, passou a ser considerado fora de dúvida o fato de que qualquer pessoa inteligente sabe que a jardinagem orgânica era o único caminho a ser seguido.

Em meus primeiros dias como agricultor orgânico, eu estava intensamente ciente do quanto ainda precisava aprender. Li a maioria dos livros sobre o assunto, precisamente os clássicos, mas era muito comum eu obter deles somente umas poucas aplicações para a minha propriedade numa colina da Tasmânia. Eu observava como as minhas vacas, embora se mantivessem junto a uma pastagem viçosa e incrementada, esticavam seus pescoços através da cerca de arame farpado para apanhar um pouco de gramíneas e de ervas daninhas florestais espalhadas do outro lado — e, por observação, aprendi o porquê. Via minhas vacas ficarem inchadas comendo a pastagem da nova estação numa noite úmida; bombeei a seringa usual cheia de penicilina em cada quarto de carcaça infectado de minhas vacas leiteiras, me perguntando por que a mastite era um tal flagelo nos rebanhos de vacas leiteiras — e, por observação, aprendi o porquê. Observei que, embora houvesse um bom número de minhocas no jardim, no solo da fazenda e dos pastos elas eram muito raras — e, por observação, descobri a razão disso. Invariavelmente, a simples observação revelará uma resposta para uma mente aberta e indagadora. Para mim, a combinação da observação e da aplicação tornou-se uma ferramenta muito poderosa.

Essas minhocas são um exemplo maravilhoso. Eu estivera trabalhando em nossas colinas mais altas, uma área que tínhamos comprado do Departamento de Silvicultura. Essa área tinha sido desobstruída de todas as plantas daninhas que lá cresciam, mas as grandes árvores e umas poucas porções de acre de acácias foram deixadas. A nova pastagem foi semeada, mas não vicejou. Era outono, e eu estava gradando a pastagem para espalhar a massa de estrume seco que se amontoava no chão. Tinha rodado pelos 180 acres apenas duas vezes, quando parei para comer um lanche. A pastagem era circundada por florestas em três dos seus lados, e enquanto eu vagava ao longo da margem da florestas e comia, chutei uma porção de estrume que eu não tinha apanhado. Debaixo dela havia uma minhoca grande e gorda. Meu interesse aumentou. Meia hora depois, eu tinha conseguido encontrar três outras minhocas debaixo de pedaços de estrume na beira da floresta. Então, voltei minha atenção para a pastagem, mas na meia hora seguinte não consegui encontrar nem mais uma única minhoca.

Em vez de continuar gradando a terra como estivera fazendo, sentei-me à sombra da floresta para ter uns bons pensamentos. Como um aspirante a agricultor orgânico, eu precisava de minhocas. Nada, mas nada mesmo é um maior aliado do agricultor orgânico do que as minhocas. Eu sabia que elas procriam na estação úmida, e que a umidade tasmaniana vinha geralmente no inverno. Minha observação indicava que as minhocas preferiam as porções de estrume mais velhas e mais maduras. Eu sabia que as minhocas gostavam de procriar em matéria orgânica rica; portanto, era bastante seguro supor que as velhas porções de estrume estariam qualificadas para isso. No entanto, eu estava prestes a gradá-las, esfarelá-las e espalhá-las sobre a pastagem. Isso acontecia em toda a fazenda, e em todos os anos, o que era bom do ponto de vista da fertilização, mas não o era da perspectiva da procriação das minhocas. Era uma rotina que deixava às minhocas pouco incentivo ou pouca instigação para aumentarem em número.

Tendo em mente que todos os fazendeiros gradam seus pastos em cada outono, minha decisão, cuidadosamente ponderada, de suspender a gradadura até a primavera foi, ao mesmo tempo, controversa e corajosa. Eu não apenas deixei de gradar essa determinada pastagem como também apliquei o princípio a toda a fazenda. Naquele primeiro inverno, mantive um olho atento às porções de estrume maduras, esperando que as minhocas pudessem justificar minhas observações. Elas o fizeram. Embora o programa de procriação não fosse espetacular, descobri minhocas debaixo de velhas porções de estrume espalhadas por toda a fazenda. Aprendi que as minhocas desovam cápsulas branco-acinzentadas, cada uma delas contendo mais ou menos vinte ovos.

Partilhei minha teoria com alguns outros fazendeiros, mas quase todos eles foram céticos. Certamente, disse um deles, se fosse esse o caso, todos os fazendeiros saberiam disso. Quando lhe perguntei por que ele gradava seu pasto em cada outono, ele admitiu que era porque todos os outros fazendeiros faziam isso. Além disso, seu pai também fazia dessa maneira.

Três anos depois, o solo debaixo de nossas pastagens estava literalmente fervilhando de minhocas. O método comprovou ser bem-sucedido além de qualquer expectativa. Basicamente, passei a gradar o pasto na primavera em vez de fazê-lo no outono. Eu esperava até que as minhocas deixassem as porções de estrume, depois de completarem a sua procriação, e voltassem para as camadas mais profundas do solo. Em seguida, eu tinha de gradar o pasto duas vezes, pois as porções de estrume ficavam bastante sólidas depois das chuvas de inverno. E, naturalmente, deixavam de ser porções de estrume; tornavam-se composto maduro, um fertilizante melhor do que qualquer outro.

Quando fui convidado para falar a respeito de agricultura orgânica num encontro de fazendeiros, o ceticismo chegava à beira da hostilidade. Nesse encontro, aprendi que muitos fazendeiros se sentem efetivamente ameaçados pela mudança e pelo pensamento novo. Convidei-os para me acompanhar e ver por si próprios o que eu havia feito, em vez de se restringirem às minhas palavras. Dentre os dezesseis fazendeiros que estavam no encontro, sete vieram, e, devo acrescentar, isso testemunha mais o meu poder de persuasão do que a ânsia de aprender desses cidadãos.

Quando nos reunimos ao redor de uma área onde velhas porções de estrume formavam uma camada espessa, ouvi casualmente dois fazendeiros observarem que aquilo lhes parecia uma grande confusão. Ajoelhei-me, e, segurando pela borda uma das porções de estrume, grande e dupla, pedi-lhes para que observassem cuidadosamente. Quando a levantei, surgiram instantaneamente algumas centenas de minhocas. Quebramos e abrimos os pedaços de estrume, contamos mais algumas centenas de minhocas, e mostrei a eles as cápsulas de ovos. Eles nunca tinham visto um ovo de minhoca, e nunca tinham sequer sonhado que números tão altos delas fossem possíveis em pastagens.

O que eu demonstrei foi simples, nada mais que um sistema de agricultura em harmonia com a Natureza, que satisfez profundamente minhas próprias necessidades. O princípio em que baseei o meu sistema satisfazia às necessidades do Todo: solo, minhocas, meio ambiente e eu próprio. Usando o senso comum e seguindo observações simples, fiz uso do poder da Natureza sem nenhuma despesa ou esforço.

Eu tinha feito muitas palestras sobre esse tema e outros assuntos relacionados com ele. Depois de uma dessas palestras, proferida em Oz, fui abordado por um fazendeiro que cuidava de um grande rebanho de carneiros num terreno de mil acres. O problema de Rob eram seus cães pastores. Ele tinha vários cães treinados que precisavam ser mantidos acorrentados. Os cães odiavam isso, ganindo e latindo dia e noite, o que, por sua vez, punha em frangalhos os nervos da família. Ele queria saber se havia outro meio de refreá-los, que não exigisse correntes nem locais fechados.

Sugeri que ele educasse seus cães. Embora eu aceitasse que, sem dúvida, eles eram bem-treinados, eles não eram bem-educados. Rob confessou que não sabia a respeito do que eu estava falando. "O problema", disse ele, "é que, se eu deixo os cães fora da casa, eles ficam furiosos. Eles perseguem os carneiros; eles correm por milhas e milhas e se metem em apuros. Eles têm de ficar acorrentados, esta é a única forma de controle que existe. Não vejo como a educação — se é que isso é possível — poderia alterar alguma coisa."

"Quando você dispuser de bastante tempo", disse eu, "e não estiver se sentindo pressionado, solte os cães e leve-os a passear pelos limites da sua fazenda. Enquanto caminharem, converse com eles de maneira firme, simples e muito clara. E, o que é mais importante, pense sobre o que você está dizendo. Diga a eles quais são os limites da sua propriedade, e que você não quer eles a atravessem. Diga-lhes que eles têm de deixar seus carneiros em paz, a menos que você especifique qual deverá ser o trabalho deles. Em essência, diga-lhes para não se desviarem do que devem fazer nem perseguirem os carneiros. À medida que forem caminhando, repita isso várias vezes, lentamente, e o faça com total atenção. Depois, quando chegarem em casa, não acorrente os cachorros. Deixe-os soltos e confie neles."

Rob olhou para mim como se eu fosse um louco. "Você pensa mesmo que isso vai dar certo?", perguntou.

"Eduque-os e descubra", disse eu.

Cerca de seis semanas depois, recebemos uma carta de Rob. Ele tinha tentado o que eu sugeri e, para seu grande espanto, dera certo. Os cães ficavam soltos, eles não vagueavam nem perseguiam carneiros, e, naturalmente, não latiam mais sua frustração e miséria. Rob disse que nunca tinha ouvido qualquer coisa semelhante. Nunca ocorreu a ele simplesmente conversar com seus cães e dizer-lhes exatamente o que ele queria.

Antes disso, Rob não compreendia a força do que é simples!

Isso funciona de outras maneiras, como, por exemplo, na simples cooperação com a Natureza. Quando Treenie e eu morávamos em Bellingen, eu cultivava verduras no jardim durante o outono, o inverno e a primavera. Os verões geralmente são quentes e úmidos demais. No primeiro ano, quando, no fim do inverno, fui apanhar algumas couves-de-bruxelas, vi que elas tinham sido parcialmente comidas. O mesmo tinha acontecido com as cabeças de repolho e os brotos verdes de brócolos. Depois de um pouco de observação, descobri que as fêmeas dos pássaros que moravam na casa de jardim eram as culpadas. Parecia que, bem no início da primavera, provavelmente quando estavam carregando os ovos, elas procuravam alimento verde. Elas acabaram com a minha colheita naquela primeira estação.

Na estação seguinte, perguntei aos pássaros da casa de jardim se poderíamos chegar a um acordo. Eu deixaria no jardim todos os morriões-dos-passarinhos — uma erva daninha de raízes pouco fundas e folhas adocicadas — que eles poderiam comer à vontade, e também poderiam ter as folhas externas, grandes e ligeiramente grosseiras do repolho, da couve-de-bruxelas e do brócolos, mas os núcleos das plantas eram da minha família.

Bem no início da primavera seguinte, as fêmeas comeram, em primeiro lugar, os morriões-dos-passarinhos, em seguida as folhas externas da couve-de-bruxelas, e depois as folhas externas do repolho e do brócolos. Colhi tudo o que havia plantado para nós. Ver as folhas externas da couve-de-bruxelas rasgadas, com o núcleo tenro ainda intacto, é uma coisa extraordinária.

* * *

Se tudo isso parece fantasioso, tente fazê-lo. Nada é mais infrutífero do que um ser humano cínico e fechado. Sei disso; eu encontrei um. Durante todos aqueles anos, quando as minhocas se estabeleceram na nossa fazenda, observei um fenômeno novo e muito bem-vindo. Os vermes parasitas que comumente atacavam o gado foram, pouco a pouco, desaparecendo do meu rebanho. Depois de alguns anos observando isso, compreendi o que estava acontecendo. Ovos de vermes parasitas eram ejetados com o esterco do gado sobre as pastagens. Uma população cada vez maior de minhocas estava dando cabo de um ciclo cada vez mais decrescente de ovos de vermes parasitas. Finalmente, vendi cerca de uma dúzia de vacas que estavam sempre infectadas, obviamente hospedeiras dos vermes, e meus dias de ministrar regularmente purgante ao gado chegaram ao fim.

Quando, com uma pequena delegação de fazendeiros orgânicos, me aproximei do então ministro da agricultura da Tasmânia para compartilhar com ele dessa revelação para o pastoreamento, fui ridicularizado e desprezado por esse homem cínico e fechado. Ele me disse que minhas idéias eram fantasiosas e ridículas. Não tendo muito tato, disse-lhe então umas poucas e boas. O encontro terminou de um modo muito abrupto.

Incidentes de harmonia com a natureza não são raros nem fantasiosos, mas, com freqüência, as pessoas não estão preparadas para falar a respeito deles por medo do ridículo.

Lance Rose, meu senhorio quando morávamos em Bellingen, tem uma história assim. Lance foi colono durante a maior parte de sua vida, passando muitos anos cortando árvores que ele, agora, preferiria ver conservadas.

Essa história diz respeito a uma época muito remota, em que ele era derrubador de árvores. Ele contou-a a mim timidamente, sabendo que eu não caçoaria dele, e mesmo assim hesitando em partilhar de algo que poderia ser descartado ou rejeitado por outras pessoas.

Com dois outros homens, ele estivera cortando cedro nos declives mais altos de McGrath's Hump, uma cadeia de montanhas baixas, coberta por uma floresta, que ficava perto de sua casa. Numa fossa íngreme, ele subiu em direção ao último conjunto conhecido de cedros que cresciam no Hump, por volta das três horas da tarde, e ligou a sua serra elétrica. Seus companheiros subiam lentamente, bem embaixo do declive, quando Lance se aproximou da maior das árvores. Com uma impressão de choque, muito claramente sentida em sua cabeça, ele ouviu: *Você já terminou. Deixe-nos em paz.* Lance ficou a tal ponto surpreso que desligou a serra elétrica e sentou-se.

Quando seus companheiros estavam subindo o aclive para se juntar a ele, ele estava descendo.

"Que tal as últimas árvores?", perguntaram eles.

"Penso que não devemos nos preocupar em cortá-las", respondeu Lance. "Elas estão numa fossa escarpada, um lugar realmente difícil e aborrecido para trabalhar. Além disso, deixe-as ficar para produzir sementes. Já trabalhamos bastante aqui."

Os homens encolheram os ombros e deixaram de lado o último e pequeno grupo de árvores de cedro. Elas foram esquecidas, e continuaram a crescer e a vicejar, sem que ninguém mais as molestasse naqueles declives remotos e densamente recobertos de florestas.

Muitos anos depois, Lance e sua mulher, Enid, construíram uma nova casa. Lance agora podia sentar-se ao lado da sua porta da frente, em sua cadeira favorita e, com um par de binóculos, observar aqueles mesmos cedros protegidos, bem lá no alto de seu denso lar florestal.

Você pode imaginar como ele deve ter se sentido quando, somente alguns anos atrás, essas mesmas árvores de cedro foram redescobertas e saudadas como um verdadeiro achado — para serem totalmente protegidas. Há hoje uma trilha rústica que as pessoas podem usar para ver uma antiga espécie de árvores que, antigamente, cobria muitos milhares de milhas quadradas em Oz.

É uma verdadeira bênção quando um homem é suficientemente simples para estar aberto ao espírito da Natureza.

30

Algo para ruminar

"Seja honesto consigo mesmo" são palavras honradas pelo tempo, mas quantos de nós realmente aceitam o seu desafio? Quantos de nós se apressam para justificar a sua verdade, quantos precisam da aceitação e da aprovação dos seus semelhantes? Quantos de nós podem tomar posição contra as opiniões dos outros e não serem ameaçados ou esmagados?

Há mais de uma década e meia, nos primeiros dias em que comecei a falar em público, meu assunto era agricultura e jardinagem orgânicas. No entanto, pouco a pouco, à medida que o meu interesse pela Natureza se aprofundava, comecei a falar sobre a religação com a Natureza, tecendo um delicado equilíbrio entre a Natureza física, palpável, que nos envolve, e a Natureza mais impalpável, que se esquiva aos nossos cinco sentidos.

Minhas experiências e sugestões eram, invariavelmente, recebidas de maneira entusiástica. Depois de uma palestra, um grupo se formava ao meu redor, fazendo perguntas ou compartilhando experiências pessoais. Eu podia quase garantir a presença de uma determinada pergunta: "Michael, você é vegetariano?"

A suposição era a de que eu não comia carne. Na verdade, tal suposição estava claramente estampada na expressão facial de quem fazia a pergunta. E ela era formulada de maneira tão regular que acabei desenvolvendo um complexo pelo fato de eu não ser vegetariano. Quando a terrível pergunta surgia, eu gelava e irrompia numa explicação gaguejante e embaraçada.

"Oh, bem, não — bem, realmente, não, sim, isto é — mas eu não como carne vermelha."

Era uma mistura de enganar-a-si-mesmo, de culpa e de necessidade de justificação. Parecia um engano grosseiro supor que só porque eu tinha algumas idéias e algumas experiências com o espírito da Natureza dever-se-ia concluir daí que eu era vegetariano.

Certa noite, depois de uma palestra sobre sensibilidade com relação à Natureza, fui convidado para visitar, na tarde seguinte, a galeria de uma artista muito talentosa.

Logo depois que Treenie e eu chegamos, e enquanto estávamos admirando alguns dos seus trabalhos e conversando sobre assuntos em geral, a artista perguntou: "Naturalmente, você é vegetariano, não é?"

Não havia nenhuma maneira de eu poder evitar isso. Respirando profundamente, dei o meu melhor tiro: "Hã, bem, não, realmente não sou."

A artista ficou parada, encarando-me, perplexa, e em seguida deu um passo involuntário para trás, como se eu estivesse contaminado.

"Mas como você consegue comer carne podre?", perguntou, incrédula.

Pela primeira vez, mudei de tática para atacar esse problema volátil e provocativo. Além disso, não havia maneira de fugir dele! "Por que a carne podre seria uma coisa tão diferente da fruta podre ou das verduras podres? As plantas não são assim tão diferentes dos animais; elas também têm consciência. Certamente, é tão bom comer carne e verdura, com uma prece silenciosa e uma percepção interior, como o é comer somente verduras com a cega suposição de que esse é o único caminho certo."

Eu estava realmente a todo vapor quando todas as minhas emoções reprimidas sobre esse assunto irromperam de mim aos borbotões. "Creio que a chave para qualquer coisa que comamos é a percepção interior dessa coisa como alimento. Por que categorizá-la como boa ou má? Por que não deixá-la para a escolha individual? A Natureza não condena o carnívoro nem se alegra com o herbívoro. Para mim, o problema não está no que eu como, mas na maneira pela qual aquilo que eu como é produzido. Tanto a carne como as verduras são produzidas nas condições mais terríveis e não-naturais. Eu exercito a minha percepção escolhendo comprar carne e verduras que são criadas e cultivadas sob condições naturais, isentas de produtos químicos. Essa é a boa comida para mim."

Fiz uma pausa para tomar fôlego. Olhei fixo para as faces lívidas e chocadas ao meu redor. "Francamente, parece-me que o que entra pela boca não devia ser tão importante quanto o que sai dela."

O marido da artista estivera escutando minha prolongada explosão. "Então, se nós comermos carne humana orgânica com consciência, está tudo bem?" — perguntou ele, num tom de voz que gotejava desprezo.

Foi, verdadeiramente, um momento maravilhoso. Sua atitude extremada estava tão longe lá no topo que permitiu que eu irrompesse através de toda a minha justificativa anterior e fosse honesto comigo mesmo. Não havia mais nada que precisasse ser dito. Peguei na mão de Treenie, caminhamos para o carro, entramos nele e fomos embora.

Mas realmente fascinante foi o seguinte: uma vez que eu consegui superar esse problema e chegar a um acordo comigo mesmo e com a maneira como eu sou, só muito raramente voltaram a me fazer essa pergunta.

* * *

Ser honesto consigo mesmo exige mais do que coragem pessoal. Você também precisa saber quem você é. Só então você pode saber com quem deve manifestar essa honestidade.

Vários anos atrás, Treenie e eu estávamos voltando do centro da cidade, viajando num bonde em Melbourne, Oz. O cobrador me impressionou como um tipo excêntrico, e, ao observá-lo, compreendi que ele era um reflexo ambulante de seus passageiros.

Recebendo o passe de uma garota bonita e sorridente, seus olhos cintilaram, flertando às ocultas com ela. Momentos depois, um velho mal-humorado fez com que ele se tornasse grosseiro e passasse a usar um linguagem rude, para só mudar novamente quando uma pequenina mulher idosa extraiu dele algum charme e galanteria. Ele era, verdadeiramente, um camaleão humano!

Depois que os passes foram recolhidos, um homem idoso pendurou-se confuso perto da porta, tentando decidir onde saltar. Esperou tempo demais. O bonde estava começando a se mover após a parada quando ele saltou para a frente e caiu da porta aberta.

Cambaleando desequilibrado no acostamento, com o rosto estampando raiva e humilhação, o velho protestou contra o comportamento abusivo, gritando para o bonde que se afastava. Quase ao lado dele, furioso, o cobrador dependurou-se para fora da porta devolvendo-lhe as impropérios aos gritos.

Depois de duas outras paradas sem nada de especial, chegou a nossa vez de descer. Quando nos levantamos, virei-me para o cobrador. "Obrigado por uma corrida tão interessante. O senhor certamente encontra todos os tipos de pessoas aqui."

Por um momento, ele me olhou atordoado, com o maxilar solto pelo espanto. Uma nuvem de suspeita passou pelos seus olhos. Dei-lhe um sorriso genuíno, e, subitamente, sua luz interior acendeu. "Obrigado, senhor, obrigado. Tenha um bom dia." Quando eu o deixei, ele se achava num estado positivo de bem-estar.

O ponto-chave desta história é o poder. Em cada encontro, o cobrador, involuntariamente, exercia o seu poder. Ele mudava de acordo com o estado de ânimo de cada passageiro com o qual tinha um breve relacionamento. Ele se tornava uma vítima de cada um dos seus estados de ânimo. O cobrador tinha um sentido não-desenvolvido de si mesmo. Ele não tinha centro. Na verdade, no fim de um dia como aquele que observamos, ele devia estar disperso e fragmentado — instável. Se continuasse daquela maneira, acabaria se tornando mais um paciente estressado numa clínica de saúde mental. Ele não conhecia a si mesmo suficientemente bem para saber a quem deveria manifestar sua honestidade!

O estresse e a raiva de outras pessoas não precisam tornar-se o nosso estresse e a nossa raiva. Num fim de tarde em Sidney, Oz, durante a hora do *rush*, parei num semáforo. Liguei minha seta indicadora de conversão à direita, deixando-a piscar desde muito antes de ter notado o sinal que proibia conversão à direita. No entanto, bem no momento em que o notei, um carro surgiu à minha direita. O vidro da janela desceu rapidamente, revelando um rosto com uma boca que rosnava. O rosto então prosseguiu, passando a questionar o meu direito de nascimento! E, acredite ou não, os hábitos sexuais dos meus pais! Tudo isso porque me propus virar para a direita quando não deveria tê-lo feito.

Quando terminou sua declamação, sorri para ele, com todos os dentes. "E um dia muito bom para você também", gritei quando as luzes mudaram, e fui direto para a frente. Em sua fúria, ele acabou fazendo com que o motor desligasse, o que criou uma cacofonia de rajadas de buzinas de outros motoristas, igualmente impacientes, que vinham atrás dele.

Seja honesto consigo mesmo. É simples, poderoso e, às vezes, engraçado!

31

Um encontro parisiense

Eu realmente desfruto dos momentos em que despontam em mim achados fortuitos, felizes e fecundos, quando o acaso mágico tece seu maravilhoso planejamento em nossas vidas. Dei ao nosso lar o nome de *Serendipity* devido à maneira como o encontramos, mas o engraçado é que não acredito em acaso. A meu ver, nada acontece por acidente, nada acontece por acaso. As sementes da capacidade para acumular poder estão dentro disso, embora o acaso sugira que temos pouco ou nenhum controle no planejamento de nossas vidas.

No entanto, essa não é uma questão a ser debatida, mas, sim, um desses momentos de achado fortuito e auspicioso para ser compartilhado.

Treenie e eu estávamos na Inglaterra, onde ficaríamos por três meses, antes de seguir viagem para os Estados Unidos. Estávamos passando um fim de semana com meu irmão, Christopher, e minha sobrinha, Cecelia, quando Christopher, casualmente, mencionou que estaria em Paris uma semana antes do Natal. Sabendo que Treenie adoraria isso, perguntei se poderíamos ir juntos. Christopher ficou radiante, e os preparativos foram feitos. Também convidamos Christine, a garota francesa que fazia os trabalhos domésticos da casa do meu irmão em troca de um quarto para dormir. Ela nascera em Paris e ficou aqui por um ano estudando na Universidade de Cambridge.

Depois de um dia de ventos e de chuvas violentos, partimos num domingo à noite para apanhar a balsa da meia-noite que saía de Dover. No terminal, juntamo-nos a uma das muitas filas de veículos que já estavam se formando. Aparentemente, não houvera nenhum embarque naquele dia; observamos caminhão após caminhão rodando para dentro da balsa, procurando saber se haveria lugar para nós, mas acabamos conseguindo o nosso lugar. Somente mais cinco carros se espremiam à nossa frente.

Com exceção de um pouquinho de jogo de cintura e de sorte, nossa travessia se realizou sem quaisquer incidentes. Quando chegamos a Calais, ficamos oscilando impacientemente pela alfândega com nossos passaportes à espera do visto. Depois disso, Christopher dirigiu durante toda a noite, rumando para Paris em sua costumeira velocidade perigosa.

Chegamos a Paris por volta das 5 horas da madrugada, mas precisamos de mais meia hora para encontrar um lugar no parque de estacionamento. Estacionar em Paris é realmente uma questão de educação. Os carros ficavam estacionados em todos os espaços disponíveis, bem como em espaços que não estavam disponíveis, inclusive na calçada. Quando, finalmente, descobrimos para o nosso carro um lugar que parecia impossível, aprendi o método espantoso de estacionar infiltrando nosso carro de lado entre dois carros estacionados e, com os pára-choques, empurrá-los para a frente e para trás. Christopher fez isso de maneira brilhante. Pessoalmente, penso que ele se sentiu muito bem ao fazê-lo.

Registramo-nos num pequeno hotel, tomamos um banho e nos revigoramos, e estávamos prontos para sair e tomar o café da manhã quando a *concierge* sugeriu a Christine que poderíamos gostar da comida da casa. Nessa ocasião, descobri que os parisienses, mesmo quando sabiam falar inglês, só conversavam em francês. Embora Christopher falasse bem essa língua, eu já estava grato pelo fato de que Christine seria a nossa guia e a nossa intérprete.

Sentamo-nos para tomar o café da manhã francês, servido diretamente sobre a mesa de mármore, e não em pratos. Não era, naturalmente, uma refeição com *bacon* e ovos, mas com *croissants* e pão francês, acompanhados de manteiga e de geléia.

Enquanto essa agradável refeição rápida estava acontecendo, uma mulher descera do seu quarto e se sentara numa mesa vizinha. Notei que ela ficou olhando atentamente para mim, com um ar profundo e especulativo. Finalmente, ela se levantou e se aproximou de Christine, tendo concluído que se tratava de uma compatriota. Por algum tempo, conversaram em francês, lançando, freqüentemente, olhadelas para mim e para Treenie. Por fim, enquanto a mulher permaneceu em pé, sorrindo, Christine contou-nos que ela estivera na cidade no dia anterior olhando e folheando livros numa livraria, e tinha encontrado um livro chamado *Dialogue avec la Nature*. Ela o levou para casa, leu-o durante a tarde e a noite anteriores, até dormir. Ao acordar, meditara sobre o livro, e seu único e profundo desejo era conhecer o autor. Ela vira uma foto dele e de sua mulher no livro; para seu assombro e deleite, ela estava certa de que nós éramos os tais. Seria verdade? Christine lhe assegurara que ela estava certa. O livro era a versão francesa de *Talking with Nature*.

Meu querido irmão ficou estupefato. "Isso é absolutamente inacreditável! Tanta coincidência não é possível! Eu simplesmente não acredito nisso!" E outras observações como estas.

A linguagem pode ter sido uma limitação, mas abraços, beijos e risos também dizem muita coisa. Para Treenie e para mim, havia uma brincadeira mais profunda nisso tudo. Quando, pela primeira vez, encontrei para o meu livro um editor norte-americano, decidi não colocar minha fotografia nos meus livros. Os editores franceses, no entanto, insistiram numa foto minha e em outra com Treenie e eu juntos. Irritado, concordei, dizendo a Treenie: "Está bem. Afinal, o que importa? Ninguém na França provavelmente nos verá. É impossível que sejamos reconhecidos."

Fomos reconhecidos quase que de imediato. Mas, então, creio realmente que o universo adora uma brincadeira envolvendo acasos felizes!

32

A última carta

Uma das áreas mais sutis do meu desenvolvimento é a minha intuição. Todos temos intuições, mas nem todos estamos preparados para confiar nelas. Falando de uma maneira geral, as mulheres confiam nos seus poderes intuitivos mais do que os homens. Talvez isso seja intuitivo; mas, cor certeza, é inteligente. Os homens parecem mais pragmáticos. A intuição nasce diretamente da nossa simplicidade, da nossa capacidade para dar a volta por cima do tumulto da mente e alcançar de maneira direta o nosso senso inato de conhecimento.

Lembro-me de que certa vez, quando era adolescente, um amigo descobriu que o pneu sobressalente de seu carro estava vazio. Ele tinha um primeiro encontro importante naquela noite e sabia que deveria levar o pneu até a oficina imediatamente, mas estava ocupado. Ele raciocinou que, como nunca tivera um pneu furado em dois anos durante os quais dirigira com razoável constância, era improvável que aquilo acontecesse justamente naquela noite. Ao mesmo tempo, bem no fundo, sua intuição lhe dizia que ele *teria* um pneu furado naquela noite.

Ele descartou a intuição e seguiu a razão. Você acertou: ele teve um pneu furado, e perdeu seu encontro importante. A boa notícia é que sua namorada o perdoou e, mais tarde, casou-se com ele.

Os incidentes do dia-a-dia que poderiam nos ensinar a ter confiança na nossa capacidade intuitiva são, com freqüência, tão triviais que os descartamos. Negligenciamos o fato de que, devido à natureza de sua simplicidade, perdemos de vista o poder da intuição. Um bom exemplo aconteceu quando Treenie e eu fomos fazer compras num novo mercado alguns anos atrás. Quando entramos no enorme complexo, uma peixaria bem na entrada chamou a minha atenção. Fui até lá e, sobre uma tábua, estava sendo exibido um grande monte de camarões grandes e frescos. Vê-los me deixou com água na boca.

"Vou entrar e comprar um pouco", disse a Treenie.

"Espere", respondeu ela. "Você não quer carregá-los de um lado para o outro durante a próxima meia hora. Espere até quando estivermos prestes a sair."

Muito lógico, muito sensato. Mas a minha intuição me informou de que em meia hora todos os camarões grandes já estariam vendidos. "Até lá, todos eles poderão ser vendidos", respondi, sem muita convicção.

"É claro que nem todos serão vendidos. Não um monte daquele tamanho."

Minha intuição ainda insistia que todos os camarões seriam definitivamente vendidos, mas descartei essa idéia. No final das contas, raciocinei, Treenie sempre tem razão.

Naturalmente, você sabe o que aconteceu. Quando chegamos, meia hora depois, não restava um só camarão. Cheguei a entrar na peixaria para perguntar se havia alguns camarões guardados em outro lugar. "Sinto muito, companheiro. Tínhamos em quantidade meia hora atrás, mas houve uma súbita procura por eles", disse-me o vendedor.

Saí da peixaria e olhei fixo para Treenie. "Está vendo? Eu sabia que todos eles seriam vendidos. A culpa é toda sua! Minha intuição estava me dizendo que eles seriam vendidos, mas, em vez disso, dei ouvidos a você!"

Treenie sorriu para mim amavelmente. "Lamento, querido, mas ambos sabemos muito bem disso. Você deveria sempre confiar na sua intuição. Essa foi a sua lição. Você sempre deveria confiar no seu eu."

Assim, tive de engolir essas palavras — em vez dos camarões!

A intuição não é nem deveria ser considerada uma faculdade de importância menor. A intuição é o nosso eu, falando a partir do coração, tentando calmamente penetrar na incessante tagarelice da mente. O que a intuição tem a dizer, ou tenta sugerir, pode ser muito importante, como naqueles casos documentados de pessoas que, depois de terem reservado uma passagem de avião, desistiram de entrar nele antes que levantasse vôo porque, com uma ostensividade esmagadora, sua intuição lhes dizia para não viajar. E o avião espatifou-se no solo!

Eu gostaria de compartilhar com o leitor um outro incidente, um incidente que não foi dramático nem envolveu ameaça de vidas, mas, afinal, um incidente que me deixou muito satisfeito por eu ter seguido minha intuição.

Contar a história requer que eu volte até minha infância para introduzir o personagem central, a srta. Kitty Willers. Ela ensinou-me a tocar os sinos da igreja quando eu era menino, atividade que executei com prazer durante dez anos. Quando, com outros meninos, eu costumava balançar nas cordas dos enormes sinos como um pequeno Tarzan, ela sorria tolerantemente. Kitty Willers era a paciência e a bondade em pessoa, uma mulher rara e notável. Não importa em que travessura eu me metesse, ela nunca ficava zangada, nunca perdia a calma. E eu lhe dava algumas maravilhosas oportunidades para isso! Certa noite, fui à igreja para praticar o toque dos sinos antes dos outros meninos. Quando eles chegaram, fechei a velha e enorme porta de carvalho com beiradas de ferro contra eles. Tão espessa era a madeira da porta que suas pancadas e os seus gritos foram amortecidos. Finalmente, depois de dez deliciosos minutos, abri a porta rapidamente. Para meu horror, a primeira pessoa a se projetar de ponta-cabeça através da porta, esparramando-se no chão num desordenado monte de meias de lã marrom e de anáguas cheias de rufos, foi Kitty Willers. Mesmo assim, ela logo me perdoou.

Kitty Willers devotou sua vida à igreja, ao pai e a outras pessoas. Passava a maior parte do seu tempo fazendo luvas, chapéus, carteiras e bolsas, e toda uma variedade de artigos de couro, utilizando, na maior parte deles, peles de coelho. Tudo isso para ser vendido a fim de arrecadar fundos para a igreja, numa venda que se realizava uma única vez por ano. As pessoas ficavam na fila durante horas, esperando ter à sua disposição mais opções, tal era a sua reputação. Kitty Willers era uma pessoa excêntrica. Usava saias longas e pantalonas até a altura dos joelhos em todas as estações. Seus cabelos ficavam invariavelmente presos num severo coque, e nunca a vi ter outra aparência que a de uma pessoa por volta dos cinqüenta anos. Quando estava com pouco mais de setenta anos, ela comprou uma Vespa e saiu numa excursão pela Escócia, tocando os sinos das igrejas que visitava em cada paróquia. Nenhum daqueles que realmente a conheceram ficou surpreso. Kitty Willers era uma mulher extraordinária.

Depois que emigrei da Inglaterra, pelo menos vinte anos se passaram sem que eu voltasse a vê-la. Eu estava em Oz, num dia de Natal, quando pensamentos e lembranças de Kitty Willers irromperam espontâneos no meu pensamento. Eu sabia, pelas cartas de minha mãe, que Kitty Willers ainda estava viva e que o pai dela tinha morrido há muito tempo. Compreendi que Kitty nessa época deveria ser uma senhora muito velha. Com mais força do que jamais a senti antes, a intuição incitou-me a escrever uma carta para Kitty Willers e compartilhar com ela tudo o que ela significou para mim e minha vida. Como eu nunca havia escrito para ela antes, resisti, mas o comando interior era inflexível. Contei a Treenie, esperando que ela risse. Ela não riu. "Eu realmente acho que você deve escrever para ela", disse Treenie, num tom sério.

Assim o fiz. Sentei-me e escrevi uma carta longa e cuidadosa, compartilhando alguns dos incidentes de que me lembrava. Contei-lhe o quão profundamente sua infalível bondade e sua força de caráter me impressionaram, como eu a tinha usado, involuntariamente, como um modelo para a medida do meu próprio caráter. Eu agradeci por ela representar uma tal inspiração na minha vida. Disse-lhe que, em toda a minha vida, somente ela e minha tia Polly resumiram tudo o que havia de melhor na humanidade. Disse-lhe o quanto eu gostava dela, e como ela havia enriquecido a minha juventude simplesmente sendo ela mesma. Disse-lhe até mesmo que a amava.

Nesse estado de espírito, escrevi-lhe a carta, abrindo o meu coração, pois não conheço outra maneira de escrever. Depois que a carta foi selada e colocada no correio, senti-me embaraçado, quase lamentando a maneira como eu desnudara meus sentimentos por ela.

Nunca mais tive notícias de Kitty Willers. Entretanto, mais ou menos um mês depois que enviei minha carta, minha mãe escreveu-me dizendo que a srta. Willers fora encontrada morta, sentada num degrau da escada de sua casa. Estava morta há cerca de dois dias quando a encontraram.

De qualquer maneira, à medida que a sua hora se aproximava, eu sabia que Kitty Willers estivera reavaliando a própria vida, e talvez questionando se a maneira como havia vivido tinha tido algum valor. Intuitivamente, eu sabia que ela estivera deprimida, precisando de algum tipo de reconhecimento humano, de alguma forma de gratidão. Não tinha família, não tinha absolutamente ninguém. Sem dúvida alguma, tinha sido muito solitária nos seus anos de velhice. Que ela acreditava em Deus, estava fora de questão. Mas penso que essa mulher gentil e extraordinária, da qual nunca se soube, em toda a sua vida, que tivesse feito um único comentário negativo sobre quem quer que fosse, estava agora perguntando a Deus a respeito do seu próprio valor. Até hoje, acredito que Deus respondeu-lhe através da minha carta — uma carta de amor e de gratidão por tudo o que ela era, um reconhecimento de tudo o que ela expressara em sua vida, uma carta que fortalecia o seu poder pessoal no momento em que ela mais necessitava dele. Eu poderia apostar que a minha carta foi a última carta, e que as minhas palavras foram, talvez, as últimas palavras que ela chegou a ler.

Por que tenho tanta certeza? Porque, com uma evidência esmagadora, minha intuição me afirma isso. E eu sou suficientemente simples para confiar na minha intuição.

Um pedido

Tendo lido as histórias contidas neste livro, sem dúvida você se lembrou de alguns momentos simples, mas poderosos, momentos que mudaram a sua vida de maneira sutil ou dramática. O momento em que o poder lhe foi conferido pode ter sido pessoal; talvez tenha envolvido o seu relacionamento com a Natureza, ou com a sua família, mas foi um momento decisivo na sua vida.

Estou interessado na sua história *verdadeira*, que é simples e poderosa. Se você tem um momento assim na sua vida, e se quiser compartilhá-lo com outras pessoas, para o enriquecimento do poder delas, por favor envie sua narrativa em carta para mim. Eu preferiria que fosse datilografada. Tenho a intenção de compilar um livro com outras histórias do tipo "o poder do simples". Enviando-me a sua história, você estará dando permissão para a sua publicação, caso ela seja selecionada. Enviarei uma cópia do livro terminado, gratuitamente, com a minha assinatura, para cada pessoa que tiver uma história nele publicada. Meu endereço é: Michael J. Roads

P.O. Box 778
Nambour, Queensland
Australia 4560

Acompanhado por Treenie, viajo muito proferindo palestras públicas sobre os muitos temas contidos em *Descomplicando a vida*. Organizações ou pessoas interessadas podem entrar em contato conosco no endereço acima.

Para as pessoas que quiserem receber informações referentes à comunidade Homeland, por favor, tenham em mente que saí de lá há muito tempo e não estou mais envolvido com eles em nenhum sentido. Quaisquer perguntas deverão ser dirigidas a eles. O endereço é:

The Homeland Foundation
Thora, Bellingen
New South Wales 2454 Australia

DIÁLOGOS COM A NATUREZA

Partilhando as Energias
e o Espírito das Árvores, das Plantas,
dos Pássaros e da Terra

Michael J. Roads

"Da Austrália, chega-nos um novo e importante escritor... com um livro magnífico!"

Richard Bach

"*Diálogos com a Natureza* é uma grande contribuição para expandir o nosso entendimento e comunicação com o mundo natural."

Peter Caddy (fundador da
Comunidade de Findhorn)

Diálogos com a Natureza é um livro que requer especial atenção. É a história de um homem que descobriu que possuía a capacidade de comunicar-se de forma inteligente e ordenada com a alma das plantas, dos animais e até mesmo de rochas e rios. Evocando uma forte sensação de contato com o miraculoso, a mensagem do livro é de esperança para todos nós. Assim como o seu autor Michael Roads, toda a humanidade pode aprender a ouvir e a aceitar as vozes da Natureza. Podemos aprender a nos unir novamente com a essência espiritual do Universo. A Natureza pode ser nossa amiga, em vez de ser nossa adversária. Ela pode instruir-nos para que achemos o caminho de volta à senda verdadeira.

EDITORA PENSAMENTO

A NATUREZA E O DESPERTAR DO SEU MUNDO INTERIOR – Uma Aventura Espiritual

Michael J. Roads

"Você irá abrir-se a novas experiências e envolver-se com elas espontaneamente. Você já deu início a esse processo há muito tempo. Para penetrar numa nova realidade da Natureza, você deve primeiro sentir essa Natureza, vivenciá-la como ela é, não como observador mas como participante. Os reinos mineral, vegetal e animal são parte do Ser humano. Você precisa experimentar a sua ligação com esses reinos. Dessa forma, o conhecimento e a experiência que agora estão bem escondidos no fundo da sua psique tornar-se-ão a sua realidade consciente."

* * *

Nessa viagem de auto-realização que Michael J. Roads empreendeu é-nos revelada uma dimensão interior da Natureza muito próxima da nossa realidade e que é de um valor incomparável para todos nós, apesar de nos termos condicionado a negar a sua existência.

Através de uma série deslumbrante de visões, o autor vai além do simples ato de comunicação, transformando-se nos próprios seres da Natureza, não importa a que reinos eles pertençam — o mineral, o vegetal ou o animal. As viagens de Michael servem de experiência profunda para verificarmos o impacto que exercemos sobre a Natureza do ponto de vista dela mesma e para adotarmos um relacionamento mais harmonioso com ela e com os seres que a integram.

* * *

Michael J. Roads é autor de *Diálogos com a Natureza,* também publicado pela Editora Pensamento.

A NATUREZA DAS COISAS

Lyall Watson

Todos têm alguma experiência da obstinação natural de objetos inanimados — aqueles estranhos momentos em que as coisas parecem assumir vida própria. Neste livro, Lyall Watson formula algumas perguntas sérias a respeito desses fenômenos.

Estaremos assistindo à evolução de uma nova forma de vida? Estarão as coisas que nos cercam desde a Idade da Pedra até a era dos computadores, apesar de sua origem inorgânica, assumindo vida? Ou nós, através da maneira como as encaramos, teríamos insuflado nelas algum tipo de alma?

De fato, às vezes, os objetos do nosso cotidiano parecem agir "por vontade própria" e os objetos de nossa estimação podem se comportar como se tivessem autonomia. Pedras cantam, estátuas se movem, objetos de valor voltam à mão de seus antigos donos, computadores têm sonhos ruins. O que, afinal, está acontecendo exatamente?

Fruto de muita pesquisa por todo o mundo, *A Natureza das Coisas* é "uma aventura de idéias" centrada na noção de que estamos participando do nascimento de uma nova forma de vida com suas próprias necessidades e idéias — possibilidade que, na verdade, todos deveriam levar muito a sério.

* * *

Lyall Watson, o autor, se considera "um nômade da ciência". Nascido na África, foi educado na Holanda e na Alemanha e se doutorou em Londres. Esteve envolvido em antropologia na Jordânia, na Nigéria, na Indonésia e no Brasil; em arqueologia em Israel, na Turquia e no Peru; em paleontologia no sul e no leste da África; em biologia marinha no oceano Índico; em botânica nos desertos de Sonora; e em pesquisa médica nas Filipinas; e representou as ilhas Seychelles na International Whaling Commission. Quando não viaja pelo mundo pesquisando fenômenos paranormais, mora na Irlanda.

EDITORA CULTRIX

OS ANJOS
INSPIRADORES DA CRIATIVIDADE

Terry Lynn Taylor

Mensageiros da orientação divina, os anjos se comunicam conosco através da inspiração. Eles despertam a criatividade em nossa alma e abrem os nossos olhos para a luz que permeia o Universo. Ao tomar consciência da energia que os anjos querem compartilhar conosco, despertamos para a vital importância da auto-expressão e começamos a realizar nossos sonhos mais valiosos.

Segundo a autora, quando deixamos os anjos participar da nossa vida, começamos

- a descobrir a alegria da expressão criativa,
- a ampliar a idéia que temos acerca do que é criativo,
- a destruir os bloqueios que nos impedem de criar,
- a fazer a jornada rumo à auto-aceitação e à imaginação,
- a nos tornar espiritualmente mais receptivos.

Na opinião de K. Martin-Kuri, artista e famoso angelologista que prefacia este novo trabalho de Terry Lynn Taylor, "este livro é essencial para a nossa época; ele oferece um marco de orientação para aumentar nossas habilidades criativas de modo que contribuam para o progresso do mundo em que vivemos. Talvez, ao ler as suas páginas, muitos se inspirem a viver mais completamente na consciência do Criador Divino".

* * *

Da mesma autora, a Editora Pensamento publicou: *Os Anjos: Guardiães da Esperança*, *Anjos: Mensageiros da Luz* e *Os Anjos Respondem: Um Livro de Mensagens Angélicas.*

EDITORA PENSAMENTO

O PODER PESSOAL ATRAVÉS DA CONSCIÊNCIA

Sanaya Roman

Este novo livro de Sanaya Roman apresenta um curso eficaz e gradual sobre como relacionar-se com as energias sutis e invisíveis do mundo que nos cerca. O curso é ministrado por Orin, um sábio e gentil mestre espiritual canalizado pela autora. Usando os processos simples e descomplicados que ela propõe, milhares de pessoas aprenderam a mudar profundamente seus relacionamentos, suas imagens pessoais e sua capacidade de amar e de serem amadas.

De acordo com a autora, com o método que ela propõe o leitor não será mais afetado negativamente pelos estados de espírito das outras pessoas; reconhecerá quando tiver assimilado energia alheia negativa e se livrará facilmente dela; aprenderá a ficar concentrado e equilibrado na sua essência; aumentará a energia positiva à sua volta e ajudará a curar as pessoas que recorrerem aos seus préstimos.

"A sua sensibilidade é uma dádiva", diz a autora. "Aprenda a usá-la para enviar e receber mensagens telepáticas. Aumente suas habilidades intuitivas e torne-se receptivo à orientação superior. Você pode deixar para trás as energias mais densas, pesadas, que muitas vezes cercam os acontecimentos dolorosos, e viver nas energias mais elevadas, superiores, nas quais se sentirá carinhoso, calmo, equilibrado e positivo."

* * *

Livros de Sanaya Roman da série *A Vida na Terra*:

— *Vivendo com Alegria - Chaves para a Conquista do Poder Pessoal e da Transformação Espiritual.*

— *O Poder Pessoal Através da Consciência.*

— *Crescimento Espiritual - O Despertar do seu Eu Superior.*

EDITORA PENSAMENTO

Outras obras de interesse:

DIÁLOGOS COM A NATUREZA - Partilhando as Energias e o Espírito das Árvores, das Plantas, dos Pássaros e da Terra
Michael J. Roads

A NATUREZA E O DESPERTAR DO SEU MUNDO INTERIOR - Uma Aventura Espiritual
Michael J. Roads

VIVENDO COM ALEGRIA
Chaves para a Conquista do Poder Pessoal e da Transformação Espiritual
Sanaya Roman

O PODER PESSOAL ATRAVÉS DA CONSCIÊNCIA
Sanaya Roman

CRESCIMENTO ESPIRITUAL
O Despertar do seu Eu Superior
Sanaya Roman

CRIANDO DINHEIRO E PROSPERIDADE
Sanaya Roman e *Duane Packer*

O CAMINHO DO GUERREIRO PACÍFICO
Dan Millman

A JORNADA SAGRADA DO GUERREIRO PACÍFICO
Dan Millman

OS ANJOS - Guardiães da Esperança
Terry Lynn Taylor

ANJOS - Mensageiros da Luz
Terry Lynn Taylor

OS ANJOS RESPONDEM - Um Livro de Mensagens Angélicas
Terry Lynn Taylor

OS ANJOS INSPIRADORES DA CRIATIVIDADE
Terry Lynn Taylor

A ESTRELA-SEMENTE - A Vida no Terceiro Milênio
Ken Carey

TERRA CHRISTA
Ken Carey

VISÃO
Ken Carey

VIDA\TRANSIÇÃO\VIDA
Joel L. Whitton e *Joe Fisher*

A VIDA COMO UM PROCESSO DE APRENDIZADO
Stephanie Merges